9.-13. Schuljahr

Barbara Theuer

Exponentielles Wachstum beschreiben & modellieren

2

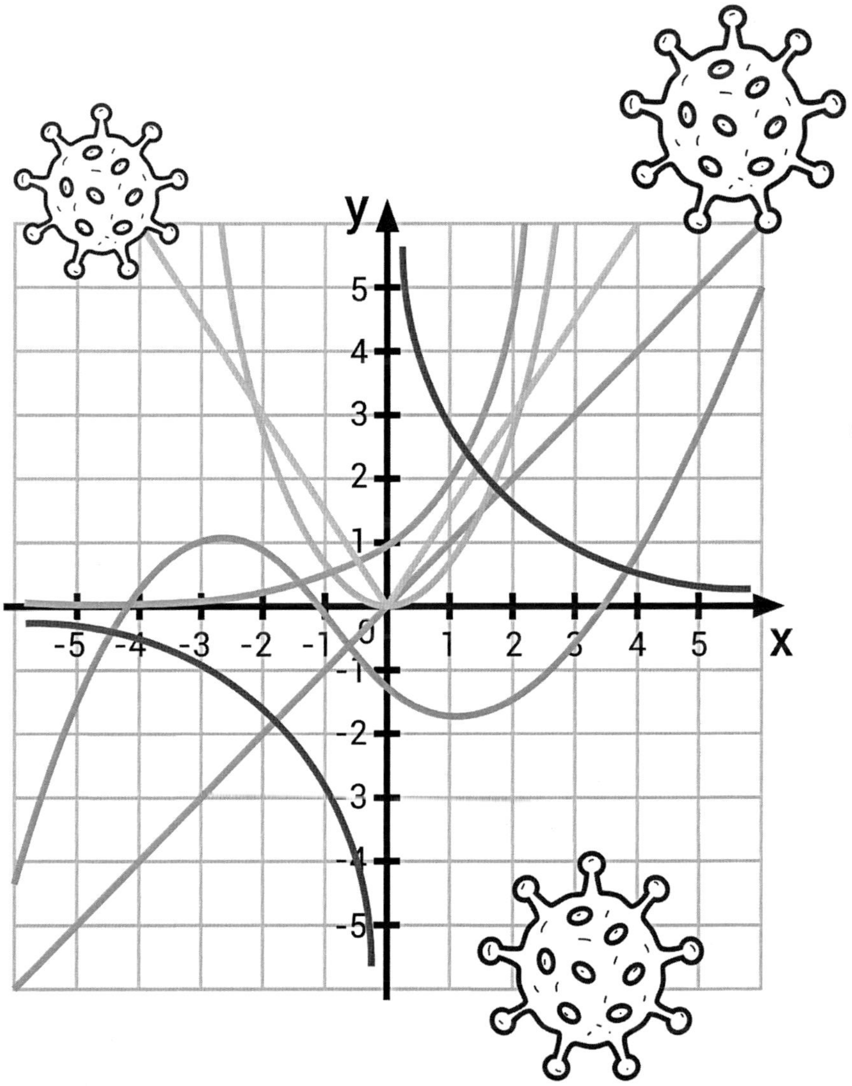

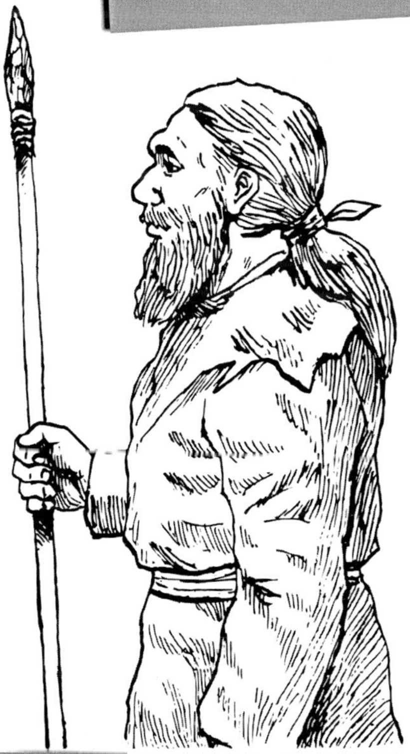

Wachstumsprozesse beschreiben & berechnen von Ötzi bis zur Pandemie. *Praxisnah!*

www.kohlverlag.de

Exponentielles Wachstum beschreiben & modellieren / Band 2

1. Auflage 2023

Inhalt: Barbara Theuer
Umschlagbild: © Zizo, Muhamad & Alexandr - AdobeStock.com
Redaktion: Kohl-Verlag
Grafik & Satz: Eva-Maria Noack / Kohl-Verlag
Druck: Druckerei Flock, Köln

Bestell-Nr. 12 929

ISBN: 978-3-98558-283-9

Inhalt

Seite

Exponentielles Wachstum beschreiben & modellieren / Band 2 – Bestell-Nr. 12 929

Vorwort

Leben und Wachstum – ob erwünschtes oder unerwünschtes Wachstum – sind untrennbar miteinander verbunden, bedingen einander.

Auch in der unbelebten Natur findet Wachstum statt.

Die Aufgabe, Wachstumsprozesse zu beschreiben und mittels Wachstumsfunktionen zu berechnen, ist eine Herausforderung für die interdisziplinäre Zusammenarbeit von Mathematikern, Informatikern, Mikrobiologen, Epidemiologen, Medizinern, Ökonomen und Technikern.

In diesem Band sollen elementare mathematische Grundlagen wiederholt und ihre Anwendung bei der Berechnung interessanter, motivierender Wachstums- und Zerfallsprozesse gezeigt und geübt werden.

Lineares, potenzielles und exponentielles Wachstum mit Ausblick auf logistisches Wachstum werden als idealisierte Wachstumsformen, die in Grenzen unter bestimmten Bedingungen gelten, behandelt.

Besondere Bedeutung kommt dabei dem exponentiellen Wachstum zu. Das zunächst schleichende Anwachsen der Bestandsgröße, welches sich nach einer bestimmten Zeit in ein immenses Anwachsen dieser Größe wandelt, spiegelt natürliches Wachstum – allerdings nur bis zu einer bestimmten Sättigungsgrenze – wider. Analoges gilt für Zerfallsprozesse. Interessante Anwendungsbeispiele aus den Bereichen Kernphysik und Altertumsforschung sollen die Schüler* motivieren, ihre Kenntnisse der Exponential- und Logarithmusfunktion zu festigen.

Als „Klassiker" aus dem Geschichtsbuch der Mathematik wird den Schülern als einfaches, aber überzeugendes Beispiel die Legende von der Erfindung des Schachspiels vorgestellt. Denn so, wie die Anzahl der Reiskörner auf dem Schachbrett nach der Vorschrift des Erfinders anwächst, vermehren sich auch Bakterien und Viren.

Dieser Sachverhalt bietet einen passenden aktuellen und fachübergreifenden Bezug zur Corona-Pandemie. Die Begriffe Sieben-Tage-Inzidenz und R-Faktor werden als Größen zur Beschreibung der Ausbreitung der Pandemie erklärt und einfache Aufgabenbeispiele zum Umgang mit diesen Größen angeboten. Rätsel zu Begriffen rund um die Pandemie runden dieses fachübergreifende Kapitel ab.

Das Aufgabenmaterial in diesem Heft ist sowohl zur Ergänzung des Unterrichts als auch für Hausaufgaben und Freiarbeit gedacht.

Viel Erfolg bei der Beschäftigung mit Wachstum wünschen das Team des Kohl-Verlags und

Barbara Theuer

---

* *Aufgrund der besseren Lesbarkeit wird im Folgenden die männliche Form Schüler bzw. Lehrer usw. verwendet. Gemeint sind damit selbstverständlich auch die weiblichen Personen.*

KOHL VERLAG Exponentielles Wachstum beschreiben & modellieren / Band 2 – Bestell-Nr. 12 929

1 Wachstum in Natur und Gesellschaft – Einführung

Wachstum gehört zu den elementaren und bedeutsamen Prozessen in der unbelebten, besonders aber in der belebten Natur.
So wachsen Bäume, Pflanzen und Früchte zum Nutzen der Menschen. Die Körpermasse von Zuchttieren nimmt bei guter Fütterung zu. Haare wachsen, was erwünscht ist oder als lästig empfunden wird. Algen wachsen infolge der Erderwärmung und verpesten die Meere. Auch mikroskopisch kleine Lebewesen, wie zum Beispiel Bakterien oder winzige, leblose Viren, vermehren sich unter günstigen Bedingungen sehr stark exponentiell. Neben nützlichen Bakterien greifen allerdings viele Bakterienarten und besonders auch Viren bei einer Übertragung auf den Menschen dessen Gesundheit an. Steckt ein erkrankter Mensch weitere Menschen an, spricht man von der Ausbreitung der Infektion – die Zahl der Infizierten wächst bei fehlenden Maßnahmen zum Infektionsschutz exponentiell.
Auch in der Technik gibt es Wachstum. So ist zum Beispiel der Eiffelturm an heißen Sommertagen bis zu 30 cm höher als an kalten Wintertagen, da sich Stahl bei Erwärmung ausdehnt. Während der Eiffelturm beliebig in die Höhe wachsen kann, ohne Schaden anzurichten, führt eine unerwünschte Wärmeausdehnung von Baumaterialien mitunter zur Zerstörung von Bauwerken, Brücken usw. Bei Flüssigkeitsthermometern hingegen wird die Wärmeausdehnung einer Flüssigkeit zur Anzeige der Temperatur angewendet. In diesen Fällen liegt lineares Wachstum zugrunde.
Untersucht man in der Physik den Zuwachs des Weges bei einer gleichmäßig beschleunigten Bewegung in Abhängigkeit von der Zeit, so erkennt man quadratisches Wachstum.
In der Ökonomie und im Finanzwesen spielen Wirtschaftswachstum und Anwachsen von Kapital eine bedeutende Rolle.
Die Mathematik hat sich der Aufgabe angenommen, Wachstumsprozesse zu modellieren und die Wachstumsgrößen mittels mathematischer Funktionen zu berechnen, um beispielsweise Biologen, Medizinern, Epidemiologen und Ökonomen Voraussagen über die Entwicklung dieser Größen zu ermöglichen.

EA **Aufgabe 1**: *Gib je ein Beispiel für Wachstum aus drei verschiedenen Bereichen an und charakterisiere die Art des Wachstums. Nutze dazu auch den Einführungstext.*

Aufgabe 2: *Informiere dich im Internet über die Entwicklung der Weltbevölkerung. Mache Notizen über ihr Wachstum seit 1950.*

2 Wachstumsformen im Diagramm (Blatt 1)

Aufgabe 1: *Ordne den Diagrammen die passende Beschreibung zu.*

1

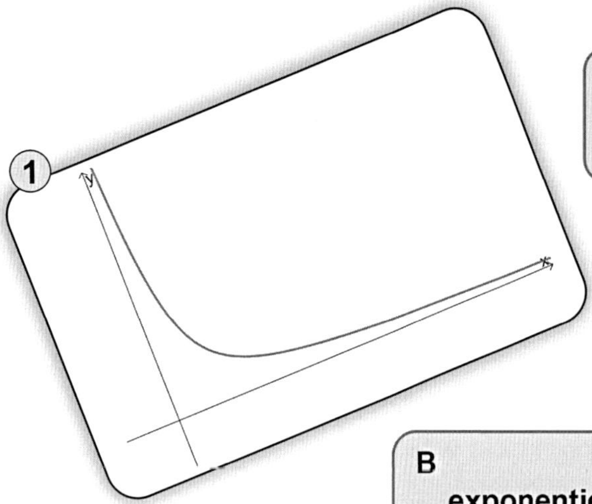

A
lineares Wachstum

2

B
exponentielles Wachstum

3

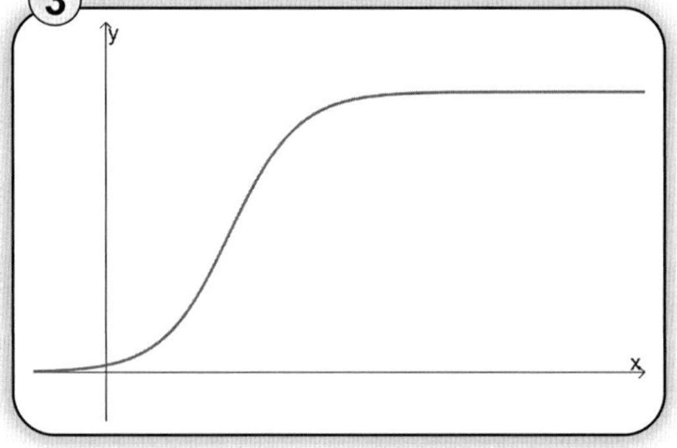

C
kein Wachstum

4

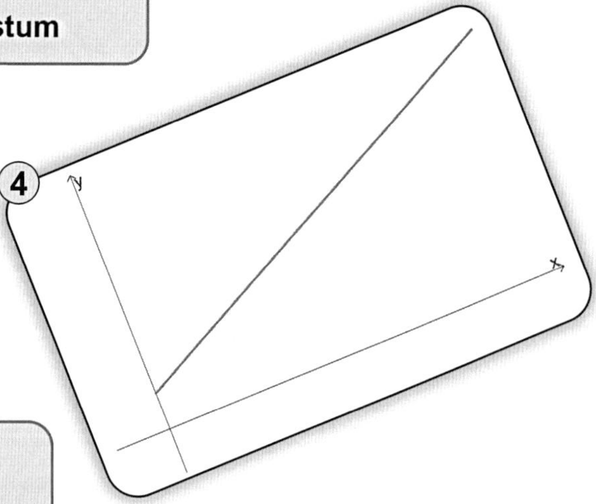

D
quadratische Abnahme

5

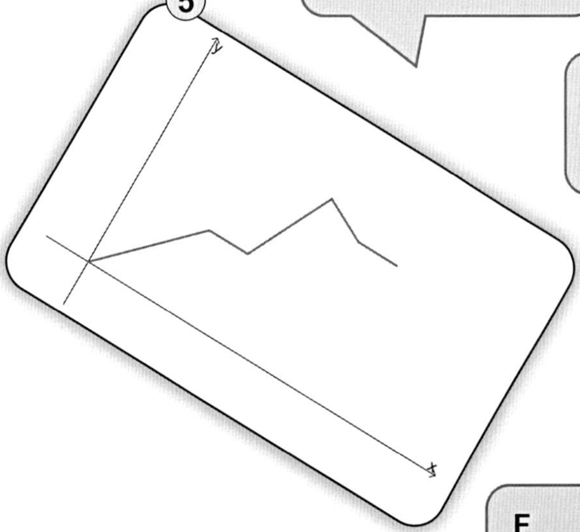

E
lineare Abnahme

6

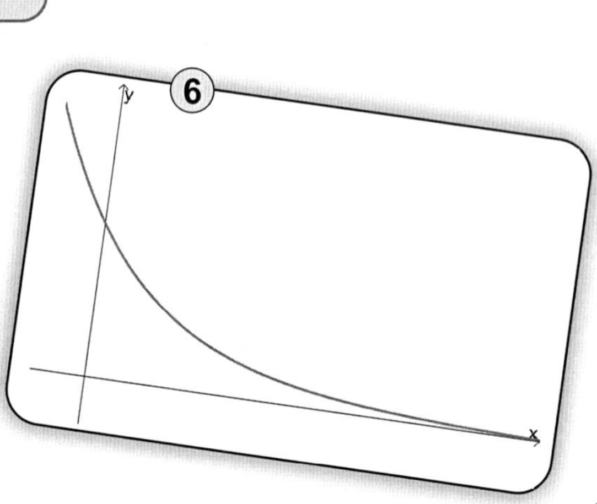

F
quadratisches Wachstum

Exponentielles Wachstum beschreiben & modellieren / Band 2 – Bestell-Nr. 12 929
KOHL VERLAG

2 Wachstumsformen im Diagramm (Blatt 2)

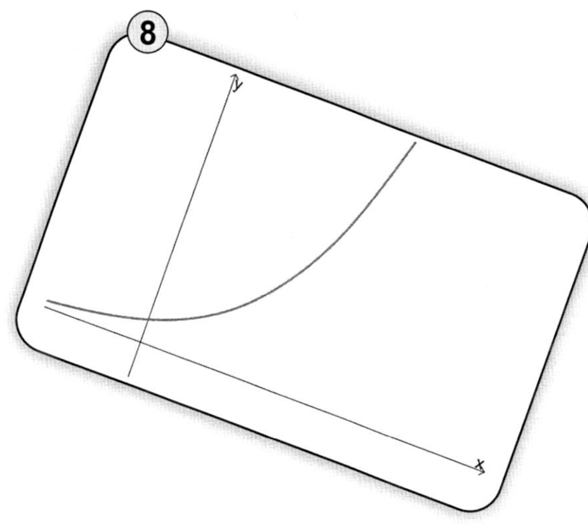

H
Abnahme bei indirekter Proportionalität

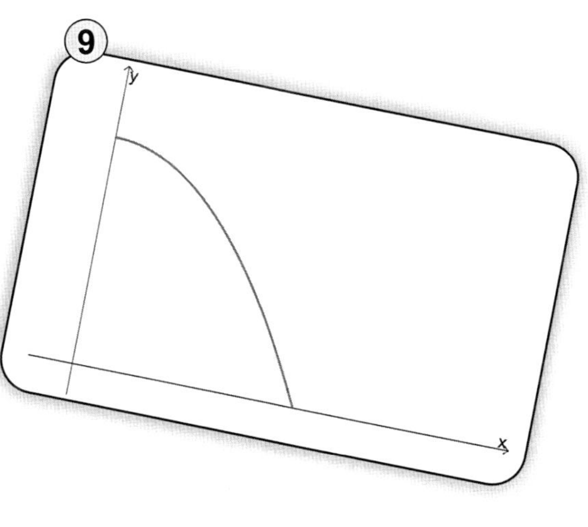

I
unregelmäßiges Wachstum

J
exponentieller Zerfall

1	2	3	4	5	6	7	8	9	10

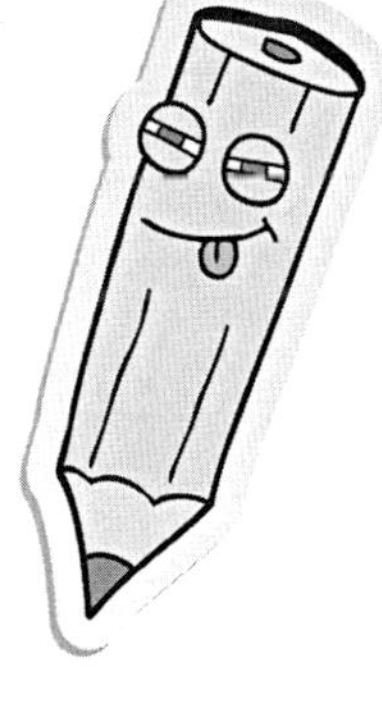

KOHL VERLAG Exponentielles Wachstum beschreiben & modellieren / Band 2 – Bestell-Nr. 12 929

3 Mathematische Definition der Begriffe Wachstum und Zerfall

Wachstum
Unter dem allgemeinen Begriff Wachstum versteht man das zeitliche Verhalten einer Bestandsgröße b (Messgröße).
Wenn gilt: Aus $t_1 < t_2 \rightarrow b(t_1) < b(t_2)$,
spricht man von Wachstum (positivem Wachstum).
Wenn gilt: Aus $t_1 < t_2 \rightarrow b(t_1) > b(t_2)$,
spricht man von Abnahme bzw. Zerfall (negativem Wachstum).

Wachstumsfunktion
Eine Wachstumsfunktion b(t) beschreibt einen Bestand b als Funktion der Zeit t.
Um Wachstumsfunktionen zu beschreiben, werden folgende Begriffe verwendet:

Anfangsbestand (Anfangswert) b_0
Dieser gibt den Wert zu Beginn der Messung an und zeigt sich im Funktionsgraph als Ordinate des Schnittpunktes der Wachstumsfunktion mit der y-Achse.

Wachstumsrate
Bei Wachstumsvorgängen wird die momentane ***Änderungsrate*** so genannt. Die Berechnung der Änderungsrate erfolgt mittels erster Ableitung der Wachstumsfunktion b'(t).
Bei linearem Wachstum ist die Wachstumsrate zu jedem beliebigen Zeitwert konstant.
Die Wachstumsrate ist ein Maß für die ***Wachstumsgeschwindigkeit***.

Halbwertszeit (Verdopplungszeit)
Das ist die Zeitspanne, in der sich ein Bestand halbiert (verdoppelt) hat.

<u>Aufgabe 1</u>: *Erläutere die Begriffe (Tabelle oben) am Beispiel des Kapitalwachstums bei einer Anlage nach Verzinsung mit Zinseszins.*

____

____

____

____

____

EA

<u>Aufgabe 2</u>: *Nenne je ein praktisches Beispiel für die Bedeutung der Wachstumsgrößen <u>Halbwertszeit</u> und <u>Verdopplungszeit</u>.*

____

____

____

____

4 Lineares Wachstum und lineare Abnahme

4.1 Allgemeine mathematische Grundlagen

Lineares Wachstum lässt sich mittels linearer Funktionen $y = f(x) = m \cdot x + n$ beschreiben. Der Anstieg m stellt dabei die Änderungsrate (Wachstumsrate) der Funktion dar.

Es gilt: $m = \frac{\Delta y}{\Delta x} = \frac{f(x_2) - f(x_1)}{x_2 - x_1}$,

wobei m dem Anstieg der Sekante durch die Punkte $P_1(x_1; y_1) \in f$ und $P_2(x_2; y_2) \in f$ entspricht.

Beispiele:

<table>
<tr>
<td>

$f(x) = 2x - 1$

P_1 (2; 3) und P_2 (4; 7) ∈ f

$m = \frac{\Delta y}{\Delta x} = \frac{7-3}{4-2} = \frac{4}{2} = 2$

Die Funktion f ist für alle x ∈ R monoton steigend und stellt eine lineare Zunahme der Bestandsgröße dar.

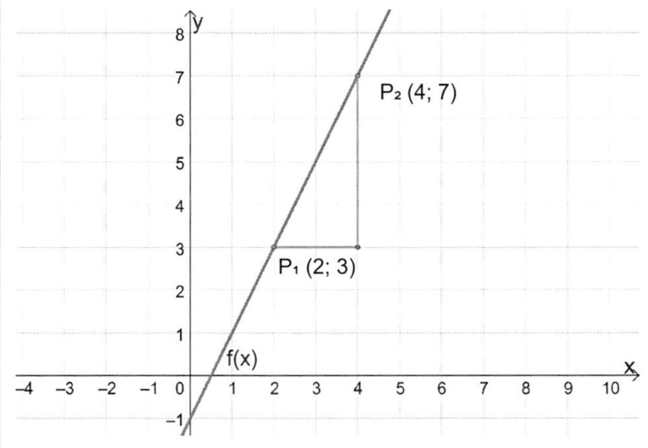

</td>
<td>

$f(x) = -2x + 8$

P_1(1; 6) und P_2(3; 2) ∈ f

$m = \frac{\Delta y}{\Delta x} = \frac{2-6}{3-1} = \frac{-4}{2} = -2$

Die Funktion f ist für alle x ∈ R monoton fallend und stellt eine lineare Abnahme der Bestandsgröße dar.

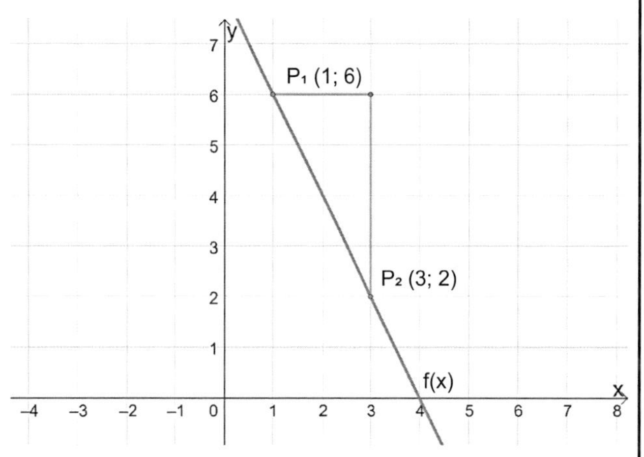

</td>
</tr>
</table>

Aufgabe: *Der Graph der Funktion f verlaufe durch die Punkte P_1 und P_2. Welche Aussagen treffen für die Funktion f(x) = mx + n zu? Kreuze an.*

P1 ∈ f und P2 ∈ f	Aussage	wahr	falsch
P_1(2; – 2) und P_2(– 1; 4)	m negativ		
	P_3(1; 0) ∈ f		
P_1(– 3; – 3) und P_2(6; 3)	f ist monoton fallend		
	n = – 1		
P_1(– 1; 4) und P_2(– 2; 5)	$m = -\frac{1}{3}$		
	f ist monoton fallend		

Exponentielles Wachstum beschreiben & modellieren / Band 2 – Bestell-Nr. 12 929
KOHL VERLAG

4 Lineares Wachstum und lineare Abnahme (Blatt 1)

4.2 Einführungsbeispiel (Blatt 1–2)

Ein neuer Gartenteich von 1000 Liter Fassungsvermögen soll mit Wasser befüllt werden. Durch einen ergiebigen Regenguss haben sich bereits 120 Liter Wasser im Teich angesammelt.
Aus dem Wasserschlauch strömen innerhalb von 5 Minuten 40 Liter Wasser.

Aufgabe 1:

a) *Fertige eine Wertetabelle an.*

b) *Gib die Wachstumsrate an.*

c) *Stelle eine Wachstumsgleichung $V_A(t)$ für die Zunahme der Wassermenge im Teich auf.*

d) *Welche Wassermenge ist nach einer halben Stunde (50 Minuten, einer Stunde) im Teich?*

e) *Wie lange dauert es, bis der Teich vollständig mit Wasser gefüllt ist?*

f) *Zeichne den zugehörigen Funktionsgraph.*

Lösung:

a)

+ 1 + 1 + 1 + 1 + 10 + 1

Zeitdauer t in min	0	1	2	3	4	…	14	15
Füllmenge V_A in l	120	128	136	144	152	…	232	240

+ 8 + 8 + 8 + 8 + 80 + 8

b) Die Wachstumsrate beträgt 8 Liter pro Minute.

c) Wachstumsgleichung: $V_A(t) = 120\text{ l} + 8\,\frac{\text{l}}{\text{min}} \cdot t$

d) nach einer halben Stunde: $V_A(30\text{ min}) = 120\text{ l} + 8\,\frac{\text{l}}{\text{min}} \cdot 30\text{ min} = 360\text{ l}$

nach 50 Minuten: $V_A(50\text{ min}) = 120\text{ l} + 8\,\frac{\text{l}}{\text{min}} \cdot 50\text{ min} = 520\text{ l}$

nach einer Stunde: $V_A(60\text{ min}) = 120\text{ l} + 8\,\frac{\text{l}}{\text{min}} \cdot 60\text{ min} = 600\text{ l}$

e) Ansatz: $1000\text{ l} = 120\text{ l} + 8\,\frac{\text{l}}{\text{min}} \cdot t \quad \rightarrow \quad t = 110\text{ min}$

Nach einer Stunde und 50 Minuten ist der Gartenteich vollständig mit Wasser gefüllt.

f) Funktionsgraph

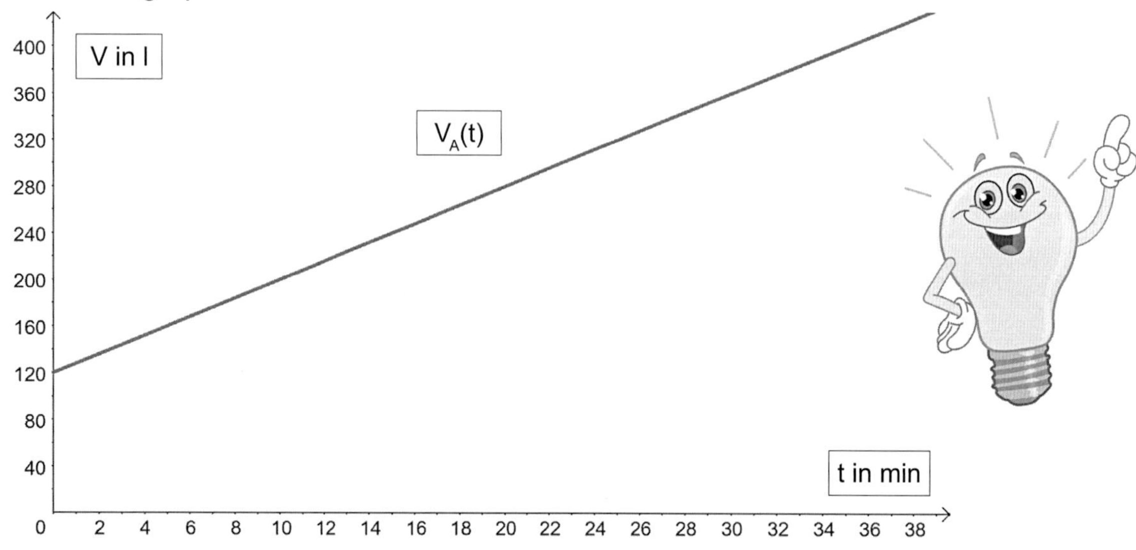

KOHL VERLAG
Exponentielles Wachstum beschreiben & modellieren / Band 2 – Bestell-Nr. 12 929

4 Lineares Wachstum und lineare Abnahme (Blatt 2)

Allgemein gilt:
Wenn die Änderung einer Größe bei gleicher zeitlicher Änderung konstant ist, spricht man – je nachdem ob die Größe zeitlich zunimmt oder kleiner wird – von **linearem Wachstum** bzw. von **linearer Abnahme**.

Die Wachstumsgleichung lautet: $b(t) = b(0) + k \cdot t$	t – Zeitspanne seit Messbeginn
	b(0) – Anfangsbestand
	b(t) – Bestand nach der Zeitspanne t
	k – Wachstumsrate
Das entspricht der linearen Funktionsgleichung $f(x) = m \cdot x + n$	m – Änderungsrate (Anstieg)
	n – Ordinate des Schnittpunktes mit der y-Achse

Aufgabe 2: *Aus der Tabelle im Beispiel auf Blatt 1 ist zu entnehmen, dass der Gartenteich nach 15 Minuten Einlaufzeit mit 240 Liter Wasser gefüllt ist. Nimm Stellung zu der Behauptung, dass der Teich nach einer dreiviertel Stunde bei konstantem Wasserzulauf die dreifache Wassermenge – also 720 Liter Wasser – enthält.*

____

____

Aufgabe 3: *Im folgenden Sommer regnet es kaum. Deshalb hat sich kein Regenwasser angesammelt. Zur Befüllung wird der Schlauch an eine Leitung mit stärkerem Wasserdruck angeschlossen. Innerhalb von 2 Minuten fließen 26 Liter Wasser zu. Ergänze im V-t-Diagramm (vergleiche auch das Beispiel auf Blatt 1) den entsprechenden Graphen $V_B(t)$.*

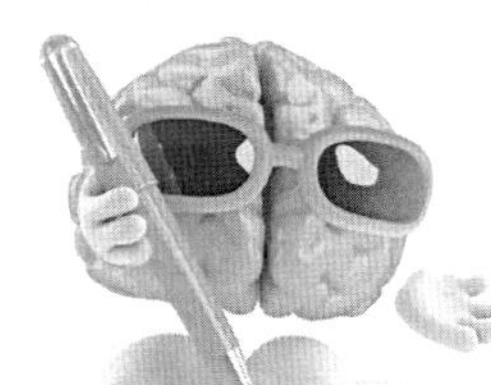

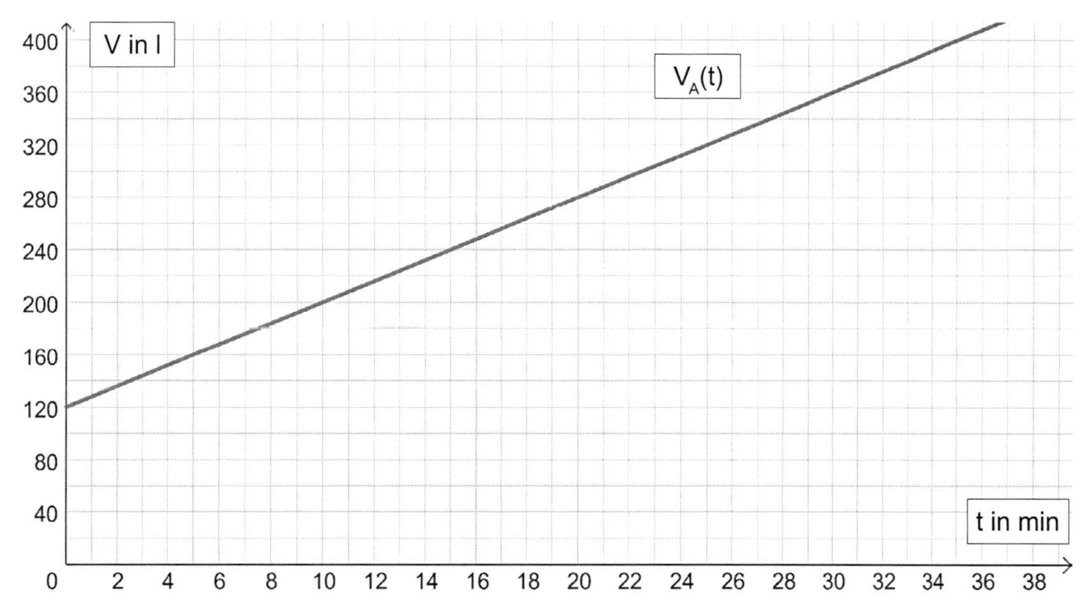

Exponentielles Wachstum beschreiben & modellieren / Band 2 – Bestell-Nr. 12 929
KOHL VERLAG

4 Lineares Wachstum und lineare Abnahme

4.3 Übungsaufgaben (Blatt 1)

Aufgabe 1: *Ein Gartenpool, welcher ein Volumen von 10,375 m³ hat, ist zu 80 % mit Wasser gefüllt. Im Herbst wird er mit Hilfe einer Wasserpumpe, deren maximale Saugleistung 6000 Liter pro Stunde beträgt, geleert.*

a) *Ergänze die Wertetabelle. Kommentiere den Wert im grauen Feld.*

Zeitdauer t zum Abpumpen in min	0	15	30	45	60	75	90
Volumen Restwasser im Pool in l							

b) *Gib die Änderungsrate für den Abfluss des Wassers in Liter pro Minute an.*

____

c) *Beschreibe die Abnahme des Poolwassers mittels einer Funktion V(t).*

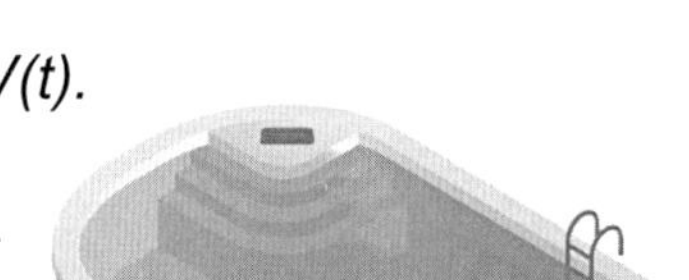
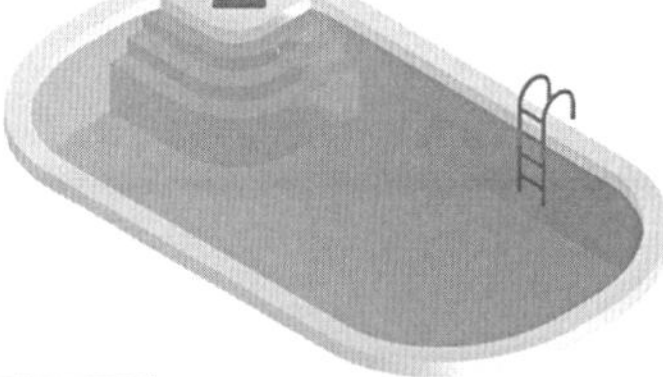

____

d) *Nach welcher Zeit ist der Pool geleert?*

____

____

e) *Zeichne den Funktionsgraph und gib einen sinnvollen Definitionsbereich an.*

____

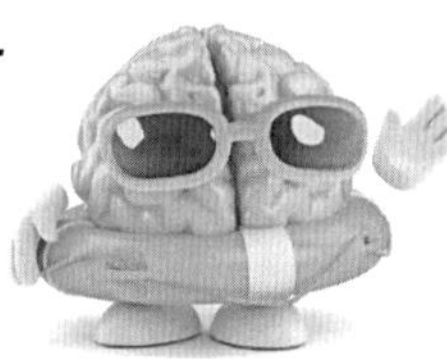

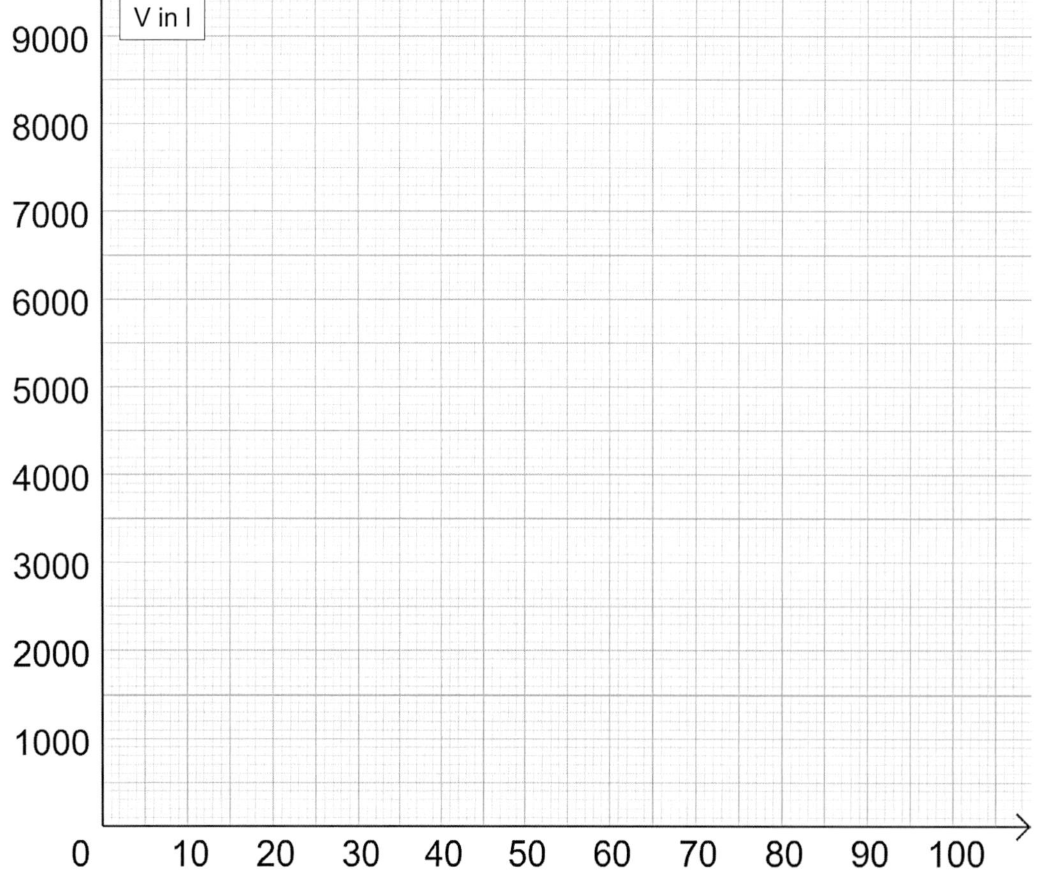

KOHL VERLAG
Exponentielles Wachstum beschreiben & modellieren / Band 2 – Bestell-Nr. 12 929

4.3 Übungsaufgaben (Blatt 2)

Aufgabe 2: *Die einjährigen Sonnenblumen zeichnen sich durch schnelles Wachstum aus und erreichen – je nach Sorte, Standort und Pflege – innerhalb von etwa drei Monaten ihre maximale Höhe von zwei bis drei Metern.*
Die Gartennachbarn Müller und Meyer wetteifern jährlich darum, wer die größten Sonnenblumen hat.
Die Sonnenblumen in Müllers Garten (Sorte A) hatten zu Messbeginn eine durchschnittliche Höhe von 0,1 m und nach 6 Wochen eine Höhe von 1,15 m.
Die Sonnenblumen einer anderen Sorte (B) in Meyers Garten waren zu Messbeginn 15 cm hoch. Nach 8 Wochen betrug ihre durchschnittliche Höhe 1,27 m.

Bearbeite diese Aufgabe unter der Voraussetzung linearen Wachstums während der ersten zwei Monate.

a) *Berechne die Wachstumsrate k in Zentimeter pro Tag für beide Pflanzensorten.*

b) *Gib für jede Sorte die Wachstumsfunktion h(t) in einem sinnvollen Definitionsbereich an.*

c) *Gibt es innerhalb des Definitionsbereiches einen Zeitpunkt, zu dem Müllers und Meyers Sonnenblumen gleich hoch sind? Begründe deine Antwort durch Rechnung.*

d) *Berechne, in welchem Garten die Sonnenblumen zwei Monate (rechne mit 30 Tagen pro Monat) nach Messbeginn die größere Höhe erreicht haben.*

Exponentielles Wachstum beschreiben & modellieren / Band 2 – Bestell-Nr. 12 929
KOHL VERLAG

4.3 Übungsaufgaben (Blatt 3)

Aufgabe 3: *Jan und seine Schwester Tina machen mit ihren Eltern im Ostseebad Ahrenshoop Urlaub.*
Da sich die Sonne zurückhält und es fürs Baden zu frisch ist, beschließen die Geschwister, eine Radtour nach Zingst – etwa 25 km von Ahrenshoop entfernt – zu machen. Als Tina aufs Rad steigt, fordert Jan seine Schwester auf, schon loszufahren, denn er, der gut trainierte Radfahrer, möchte sich noch ein Fischbrötchen am Kiosk neben dem Ferienhaus kaufen und sie ohnehin einholen.

a) *Holt Jan, der 15 Minuten später startet und durchschnittlich mit einer Geschwindigkeit von 21 km/h sportlich fährt, Tina, die mit einer nahezu konstanten Geschwindigkeit von 16 km/h radelt, noch vor Zingst ein?*
Stelle zum rechnerischen Nachweis deiner Antwort die Gleichungen der Wachstumsfunktionen s(t) für beide Radfahrer auf, berechne die Zeit, die Jan von seinem Start an benötigt, bis er Tina eingeholt hat und die Wegstrecke, die Jan und Tina noch „Rad an Rad" gemeinsam mit Tinas ursprünglichem Tempo bis Zingst fahren.

b) *Stelle den Vorgang in einem s-t-Diagramm (auf Blatt 4) dar.*
Ergänze dazu folgende Wertetabellen:

t in h (Messbeginn: Jans Start)		0	0,2	0,4					
Tina	s_{Tina} **in km**	4							
Jan	s_{Jan} **in km**	0							

Exponentielles Wachstum beschreiben & modellieren / Band 2 – Bestell-Nr. 12 929

4.3 Übungsaufgaben (Blatt 4)

EA

Zu Aufgabe 3b: *Zeichne die Funktionsgraphen $s_T(t)$ und $s_J(t)$ für die von Tina und Jan zurückgelegten Wege.*

s in km

26
24
22
20
18
16
14
12
10
8
6
4
2
0

0.2 0.4 0.6 0.8 1 1.2 1.4

t in h

Exponentielles Wachstum beschreiben & modellieren / Band 2 – Bestell-Nr. 12 929

4.3 Übungsaufgaben (Blatt 5)

Zu Aufgabe 4: *Die Höhe einer brennenden Kerze nimmt linear ab. In einem Experiment hat man ermittelt, dass die rote, dickere Kerze in einer Stunde um 2 cm und die blaue, dünnere Kerze in der gleichen Zeit um 3,5 cm herunterbrennt.*

Zu Beginn eines neuen Experimentes ist die blaue Kerze 28 cm und die rote Kerze 20 cm hoch. (Die Länge des Dochtes wird dabei nicht berücksichtigt.)

a) *Gib für beide Kerzen jeweils eine Funktionsgleichung h(t) an, welche die Höhe der Kerze in Abhängigkeit von der Zeit beschreibt.*

___

___

b) *Nach welcher Zeit ab Messbeginn haben die beiden Kerzen die gleiche Höhe? Löse die Aufgabe b) rechnerisch und*
c) zeichnerisch. (Nutze das Koordinatensystem unten.)

___

___

___

___

c)

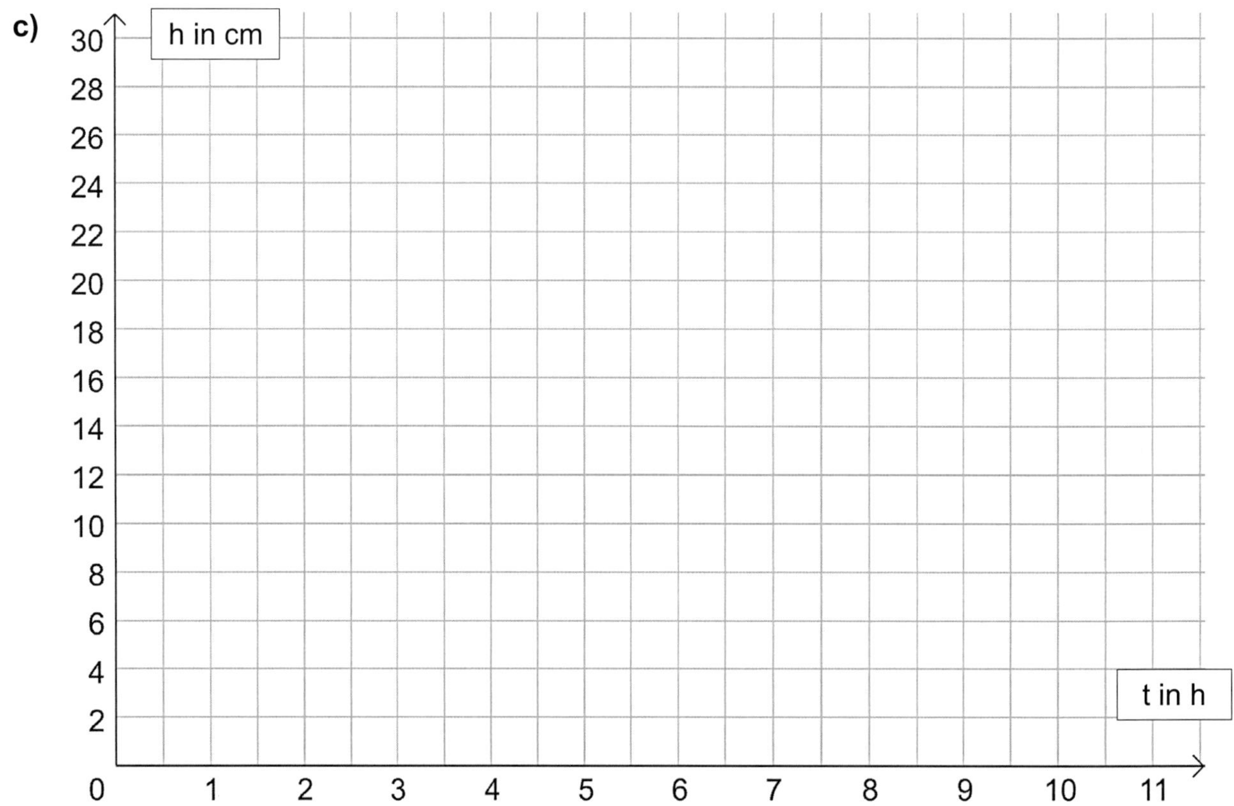

Aus der Zeichnung folgt die Lösung:

___

5 Potentielles Wachstum und potentielle Abnahme

5.1 Allgemeine mathematische Grundlagen (Blatt 1)

<table>
<tr><th colspan="3">Ausgewählte Potenzfunktionen zur Beschreibung von Wachstumsvorgängen</th></tr>
<tr>
<td>Spezialfall
Quadratische Funktionen</td>
<td>
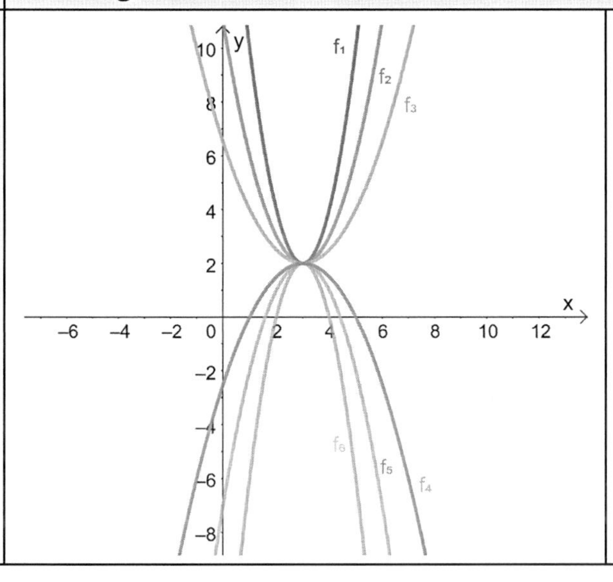

</td>
<td>
Allgemeine Form $f(x) = ax^2 + bx + c$
Auch: $f(x) = a \cdot (x^2 + px + q)$ bzw.
$f(x) = a \cdot (x + d)^2 + e$
$f_1(x) = 2 \cdot (x - 3)^2 + 2$
$f_2(x) = (x - 3)^2 + 2$
$f_3(x) = 0{,}5 \cdot (x - 3)^2 + 2$
$f_4(x) = -0{,}5 \cdot (x - 3)^2 + 2$
$f_5(x) = -(x - 3)^2 + 2$
$f_6(x) = -2 \cdot (x - 3)^2 + 2$

Die Graphen sind Parabeln.
</td>
</tr>
<tr>
<td>Potenzfunktionen mit positivem
ganzzahligen Exponenten n, n > 2</td>
<td>
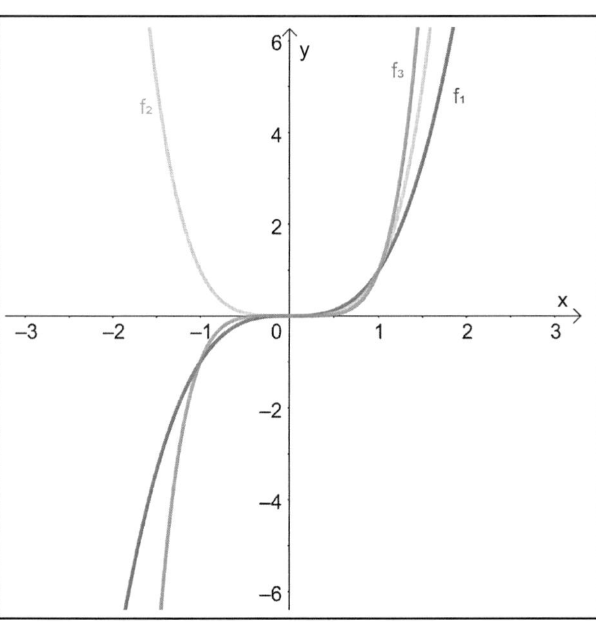

</td>
<td>
Potenzfunktionen $f(x) = x^n$, $n > 2$, $n \in N$

n gerade: f symmetrisch zur y-Achse
n ungerade: f symmetrisch zum Koordinatenursprung

$f_1(x) = x^3$
$f_2(x) = x^4$
$f_3(x) = x^5$

Die Graphen sind Parabeln.
</td>
</tr>
<tr>
<td>Potenzfunktionen mit negativem
ganzzahligen Exponenten –n, –n < 0</td>
<td>
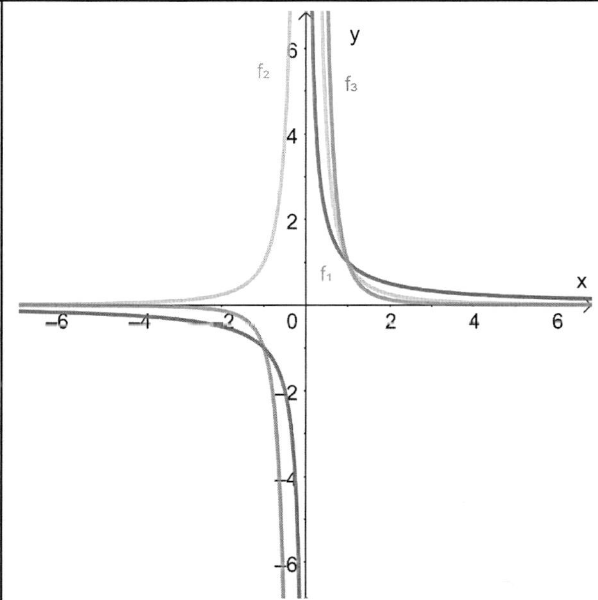

</td>
<td>
Potenzfunktionen $f(x) = x^{-n}$, $n \in N$

n gerade: f symmetrisch zur y-Achse
n ungerade: f symmetrisch zum Koordinatenursprung

$f_1(x) = x^{-1}$
$f_2(x) = x^{-2}$
$f_3(x) = x^{-3}$

Die Graphen sind Hyperbeln.
</td>
</tr>
</table>

KOHL VERLAG Lernen mit Erfolg
Exponentielles Wachstum beschreiben & modellieren / Band 2 – Bestell-Nr. 12 929

5 Potentielles Wachstum und potentielle Abnahme

5.1 Allgemeine mathematische Grundlagen (Blatt 2)

Änderungsrate bei Potenzfunktionen

1. Während bei linearen Funktionen das Verhältnis der Katheten Δy und Δx des Steigungsdreiecks an allen Stellen x kontant ist (siehe Kapitel 4.1), nimmt es bei Potenzfunktionen an unterschiedlichen Stellen verschiedene Werte (Sekantensteigungen) an. Die Änderungsrate ist daher eine Funktion von x.

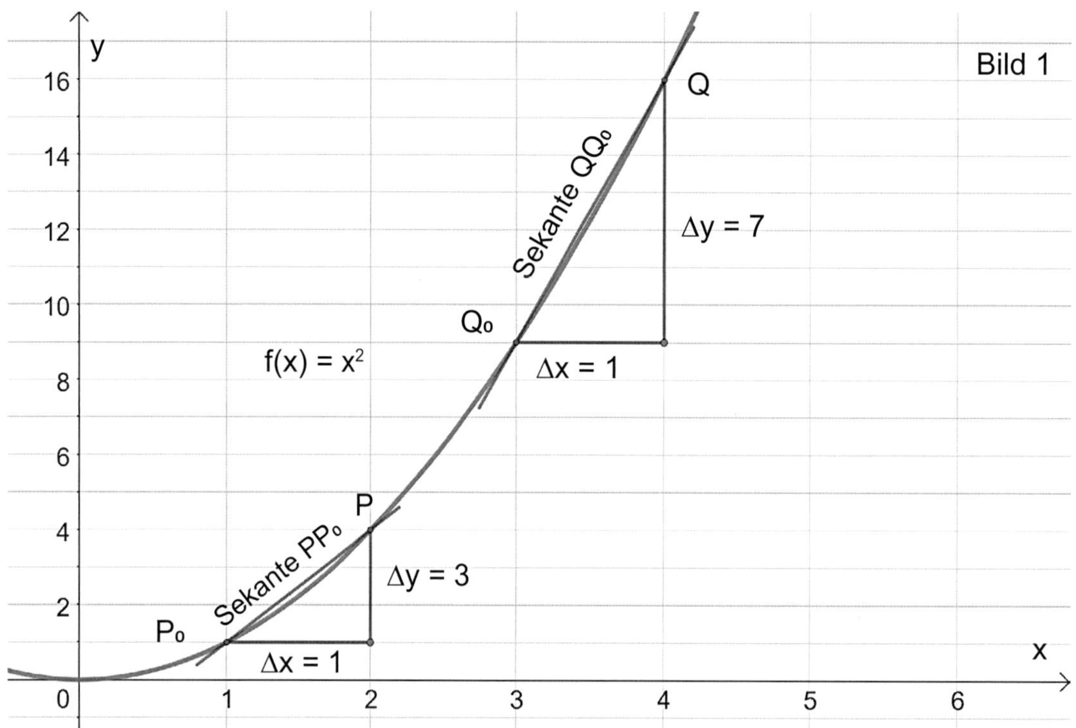

2. Graphisch ist es nur möglich, die durchschnittliche Änderungsrate zu ermitteln. Je kleiner dabei das Intervall Δx ist, umso genauer wird der Wert.

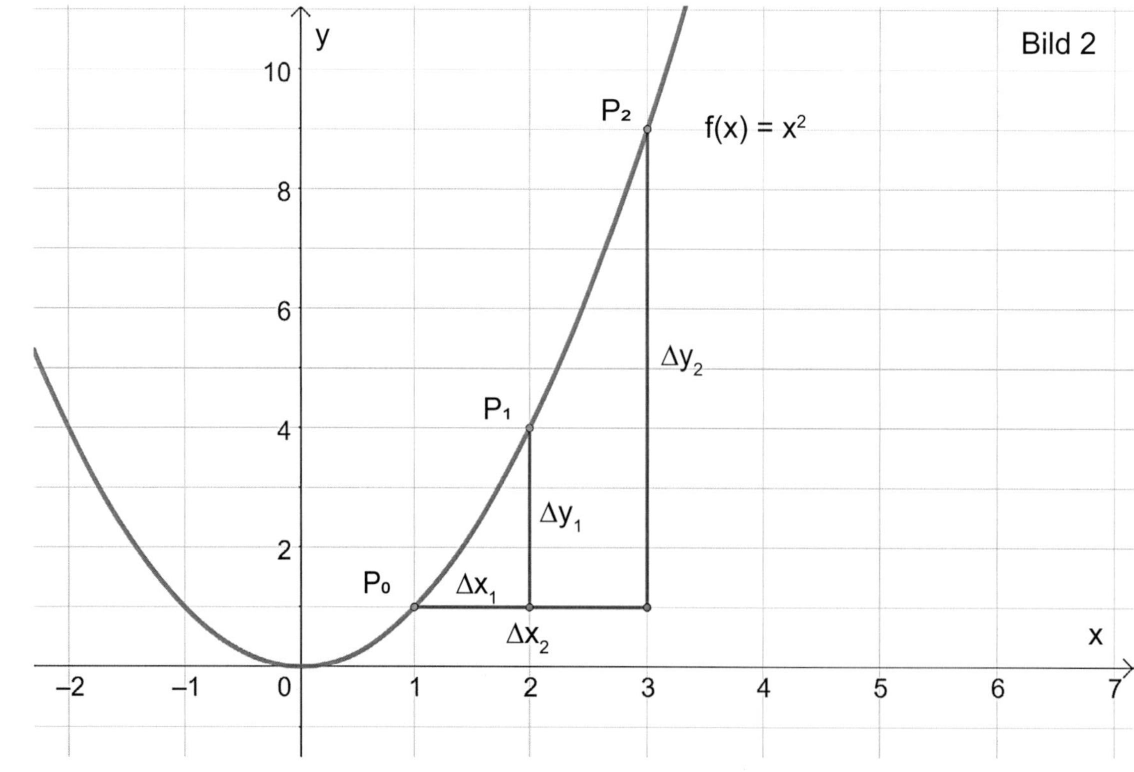

5 Potentielles Wachstum und potentielle Abnahme

5.1 Allgemeine mathematische Grundlagen (Blatt 3)

Aufgabe 1: *(siehe Bild 2 auf Blatt 2)*
In der Umgebung des Punktes $P_0(1; 1) \in f$ mit $f(x) = x^2$ ist, soll die durchschnittliche Änderungsrate (Sekantensteigung) bestimmt werden.
Zunächst wählt man dazu das Intervall [1; 3], danach das Intervall [1; 2].

a) *Ermittle für beide Intervalle die Ergebnisse für die durchschnittliche Änderungsrate.*

b) *Die mit Hilfe der Differentialrechnung exakt ermittelbare momentane Änderungsrate (Tangentensteigung) der Funktion $f(x) = x^2$ an der Stelle $x_0 = 1$ beträgt 2.*
Zu welcher Erkenntnis kommst du beim Vergleich der Ergebnisse aus Aufgabe a) im Hinblick auf die Genauigkeit der durchschnittlichen Änderungsrate?

c) ** Für Schüler ab Klasse 11:*
Durch welchen Prozess geht die durchschnittliche Änderungsrate über einem Intervall $[x_0; x]$ in die momentane Änderungsrate an der Stelle x_0 über?
Zeige, dass die momentane Änderungsrate der Funktion $f(x) = x^2$ an der Stelle $x_0 = 1$ 2 beträgt.

Aufgabe 2: *(siehe Bild 1 auf Blatt 2)*
Gegeben ist die Funktion $f(x) = x^2$.
Ermittle die durchschnittliche Änderungsrate der Funktion

a) *über dem Intervall [1; 2]*
als Steigung der Sekante durch die Punkte $P_0(1; 1)$ und $P(2; 4)$

b) *über dem Intervall [3; 4]*
als Steigung der Sekante durch die Punkte $Q_0(3; 9)$ und $Q(4; 16)$.

c) *Die Intervalle [1; 2] und [3; 4] haben beide die Länge 1. Vergleiche die durchschnittlichen Änderungsraten der Funktion $f(x) = x^2$ über den beiden Intervallen.*

5 Potentielles Wachstum und potentielle Abnahme

5.1 Allgemeine mathematische Grundlagen (Blatt 4)

Aufgabe 3:

a) *Bestimme die Scheitelpunkte der folgenden quadratischen Funktionen. Entscheide, ob die Ordinate y_S des Scheitelpunktes ein Maximum oder ein Minimum der Funktion anzeigt. Kreuze an.*

Funktion	**Scheitelpunkt $S(x_S; y_S)$**	**y_S ist ein**	
		Maximum von f(x)	**Minimum von f(x)**
$f(x) = (x + 1)^2 - 3$	S(;)		
$f(x) = -x^2 + 4x - 5$			
$f(x) = -2 \cdot (x + 3)^2 + 1$			
$f(x) = 2x^2 + 12x + 19$			

b) *In welchen Bereichen sind die Funktionen monoton wachsend?*

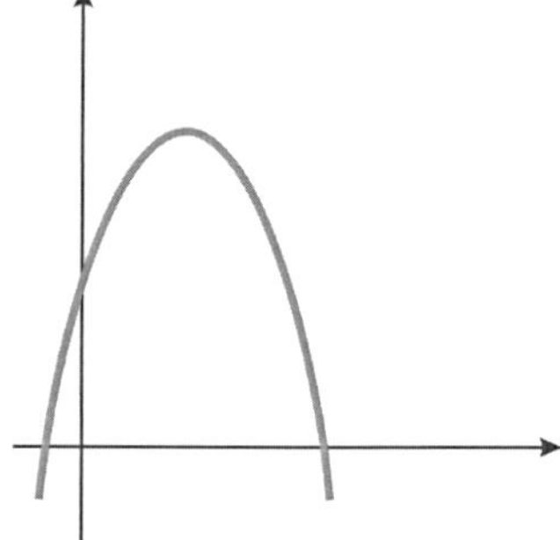

$f(x) = (x + 1)^2 - 3$

$f(x) = -x^2 + 4x - 5$

$f(x) = -2 \cdot (x + 3)^2 + 1$

$f(x) = 2x^2 + 12x + 19$

$f(x) = -2x + 3$

5.2 Einführungsbeispiel (Blatt 1)

Der Kraftstoffverbrauch und Geschwindigkeit

Beispiel:

Der Kraftstoffverbrauch eines PKW wächst bekanntlich mit der Geschwindigkeit. Durch Messungen wurde der funktionale Zusammenhang ermittelt.
Die Wachstumsfunktion lautet: **$K(v) = 0.002v^2 - 0{,}18v + 8{,}55$ für $v > 40$**.
Dabei bedeutet K der Kraftstoffverbrauch in Litern/100 Kilometer und v die Geschwindigkeit in Kilometer/Stunde.

a) Bei welcher Geschwindigkeit $v > 40$ beträgt der Kraftstoffverbrauch genau 7 Liter?

b) Bei welcher Geschwindigkeit ist der Kraftstoffverbrauch am geringsten?
Gib den minimalen Kraftstoffverbrauch pro 100 Kilometer Fahrstrecke an.

c) Skizziere den Graphen der Wachstumsfunktion in einem geeigneten Intervall; fertige dazu eine passende Wertetabelle an.

Lösung:

a) Ansatz:

$$7 = 0.002v^2 - 0{,}18v + 8{,}55 \quad | -7$$
$$0 = 0.002v^2 - 0{,}18v + 1{,}55 \quad | : 0{,}002$$
$$0 = v^2 - 90v + 775$$
$$v_{1;2} = 45 \pm \sqrt{(45^2 - 775)} \approx 45 \pm 35{,}36$$
$$v_1 \approx 80{,}36 \ (v_2 \approx 9{,}64 \text{ entfällt wegen } v > 40)$$

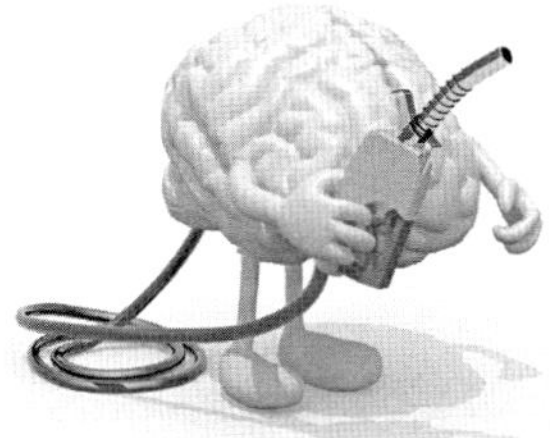

Bei einer Geschwindigkeit von etwa 80,36 km/h werden 7 Liter Kraftstoff verbraucht.

b) Gesucht ist das Minimum der Wachstumsfunktion
$K(v) = 0{,}002v^2 - 0{,}18v + 8{,}55$ für $v > 40$.

Berechnung ohne Differenzialrechnung:
Gesucht ist der Scheitelpunkt der Funktion K(v).
Für $a = 0{,}002$; $b = -0{,}18$; $c = 8{,}55$
folgt S(45; 4,5). [siehe Kasten →]
Aus $a = 0{,}002 > 0$ folgt, dass die Parabel nach oben geöffnet ist und der Scheitelpunkt ein Minimum anzeigt.

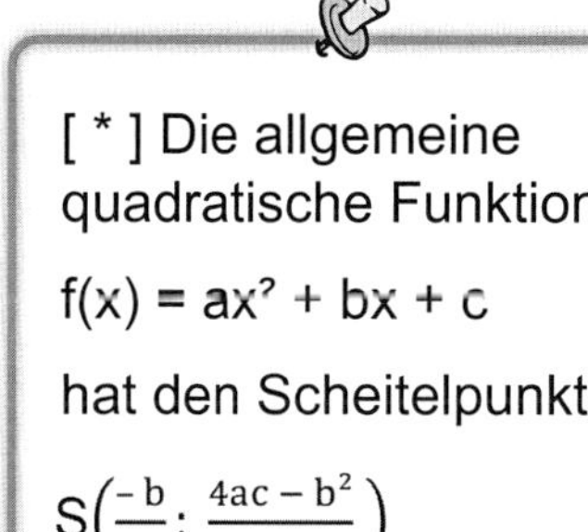

[*] Die allgemeine quadratische Funktion
$f(x) = ax^2 + bx + c$
hat den Scheitelpunkt
$S\left(\frac{-b}{2a}; \frac{4ac - b^2}{4a}\right)$

Berechnung mit Hilfe der Differenzialrechnung:
Ansatz der notwendigen Bedingung für ein Extremum
$K'(v) = 0{,}004v - 0{,}18 = 0 \quad \rightarrow \quad v = 45$
Überprüfung der hinreichenden Bedingung für ein Minimum
$K''(45) = 0{,}004 > 0$ ist erfüllt.
$K(45) = 4{,}5$

Bei einer Geschwindigkeit von 45 Kilometer pro Stunde ist der Kraftstoffverbrauch mit 4,5 Litern auf 100 Kilometer Fahrstrecke am geringsten.

5.2 Einführungsbeispiel (Blatt 2)

c) Wertetabelle

v in km/h	40	45	50	55	60	65	70	75	80	85	90
K(v) in l/100 km	4,55	4,50	4,55	4,7	4,95	5,30	5,75	6,30	6,95	7,70	8,55

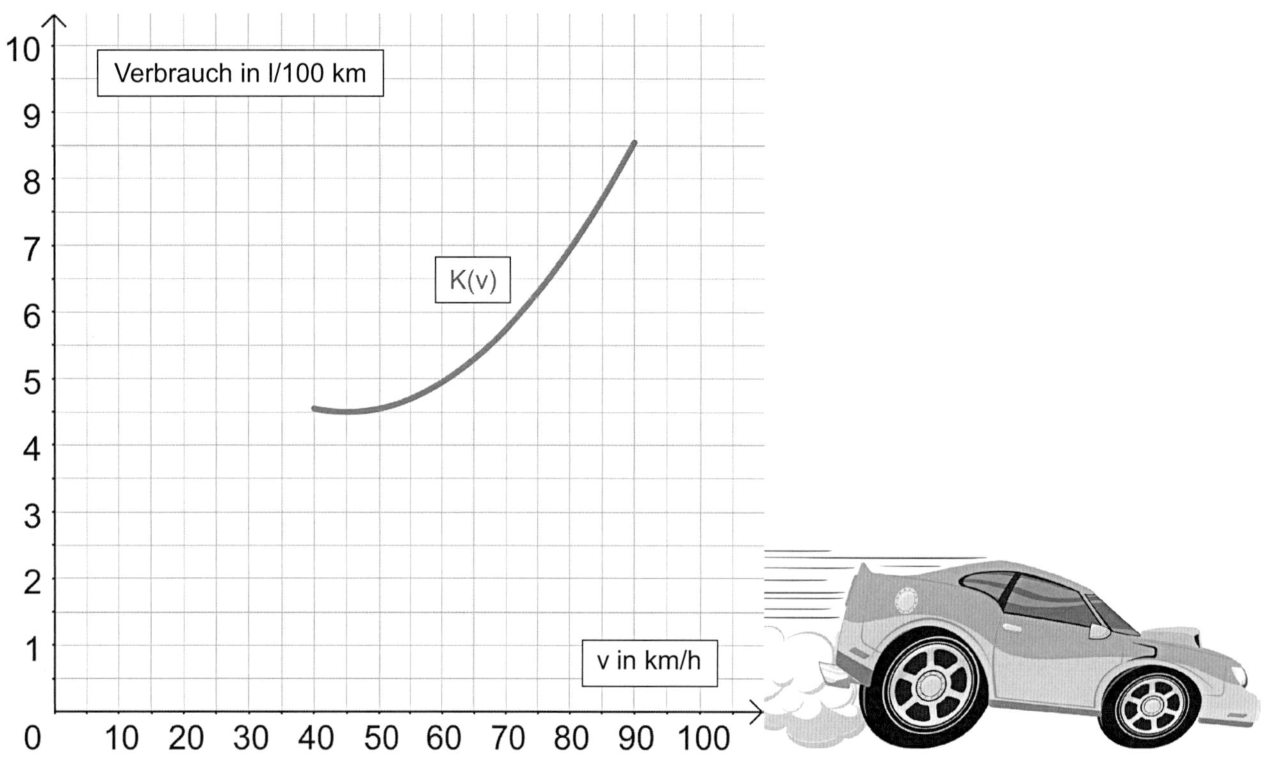

Aufgabe:

Wenn eine allgemein quadratische Funktion in der Form $f(x) = a \cdot (x + d)^2 + e$ gegeben ist, kann man den Scheitelpunkt $S(-d; e)$ leicht angeben.

Scheitel

*Wandle die allgemeine Form $f(x) = ax^2 + bx + c$ mit Hilfe einer quadratischen Ergänzung in die Scheitelpunktform um. Vergleiche dein Ergebnis mit der Formel [*] im quadratischen Kasten auf Blatt 1.*

5.3 Übungsaufgaben (Blatt 1)

Aufgabe 1: **Exkursion in die Physik**

Stelle in Stichpunkten physikalisches Grundwissen über die gleichmäßig beschleunigte Bewegung (Definition, Symbol und Einheit der Größe „Beschleunigung", Weg-Zeit-Gesetz und Geschwindigkeits-Zeit-Gesetz) zusammen.

____

____

Aufgabe 2: Ein Pkw erhöht seine Geschwindigkeit in 4 s von 54 km/h auf 90 km/h.

a) *Berechne die Änderungsrate für die Geschwindigkeit während des Beschleunigungsvorgangs.*

____

b) *Welche physikalische Bedeutung hat die Änderungsrate?*

____

c) *Gib die Wachstumsfunktion s(t) für den in der Zeitspanne $0\ s < t < 4\ s$ zurückgelegten Weg an und berechne diesen Weg.*
Beachte, dass sich während des Beschleunigungsvorganges beschleunigte Bewegung (Weg $s_2(t)$) und gleichförmige Bewegung (Weg $s_1(t)$) überlagern.

____

____

____

____

d) *Skizziere (siehe Blatt 2) den Graphen der Funktion s(t) während des Beschleunigungsvorganges mit Hilfe einer Wertetabelle.*
Setze den Beginn des Beschleunigungsvorganges mit t = 0 s an.
Zeichne zum Vergleich auch die Graphen der Funktionen $s_1(t)$, welcher die gleichförmige Bewegung beschreibt, und $s_2(t)$ zur Veranschaulichung des Wegzuwachses durch die Beschleunigung in das gleiche Koordinatensystem.

Zeit t in s	0	1	2	3	4
Weg s_1 in m					
Weg s_2 in m					
Weg s in m					

Fortsetzung auf Blatt 2

KOHL VERLAG Exponentielles Wachstum beschreiben & modellieren / Band 2 – Bestell-Nr. 12 929

5 Potentielles Wachstum und potentielle Abnahme

5.3 Übungsaufgaben (Blatt 2)

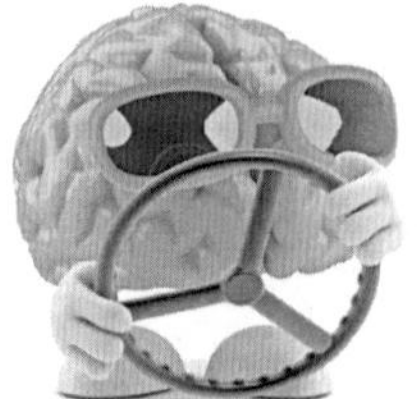

Forsetzung Aufgabe 2 d):

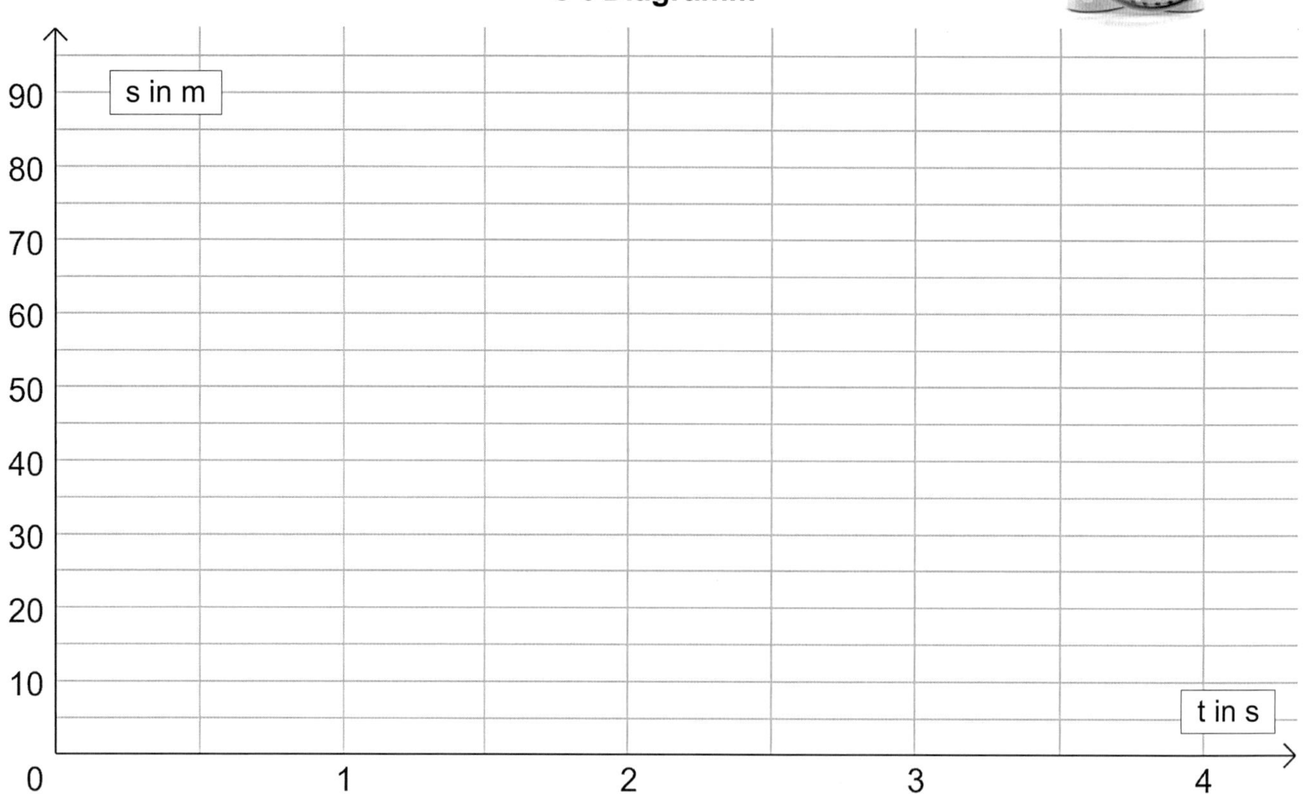

e) Zeichne auch das entsprechende v-t-Diagramm während des Beschleunigungsvorgangs im Intervall $0\,s < t < 4\,s$.

v in m/s

30
25
20
15
10
5
0
1
2
3
4
5

t in s

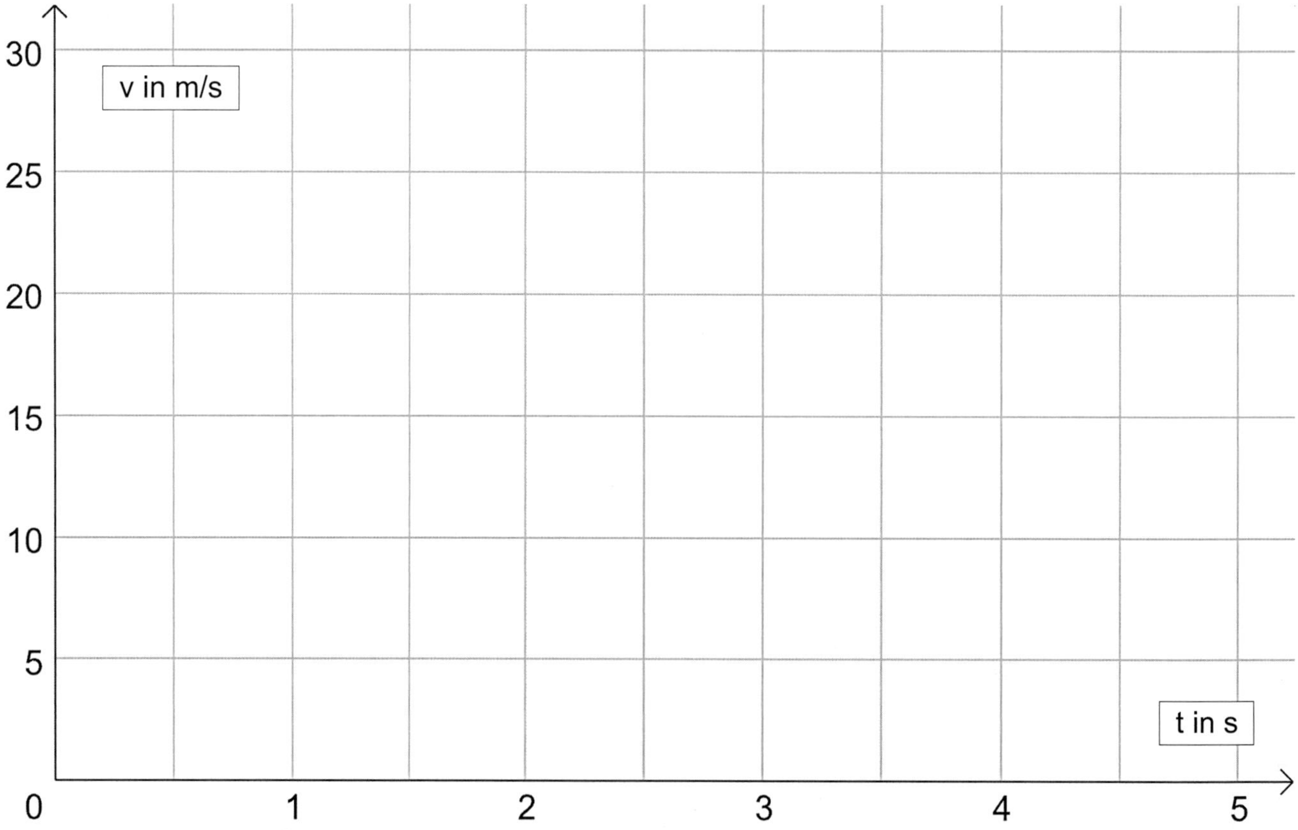

KOHL VERLAG – Exponentielles Wachstum beschreiben & modellieren / Band 2 – Bestell-Nr. 12 929

5.3 Übungsaufgaben (Blatt 3)

Aufgabe 3: Ein Radfahrer fährt 50 Sekunden mit konstanter Geschwindigkeit von 18 km/h. Dann beschleunigt er 20 Sek. lang auf 28,8 km/h. Mit dieser Geschwindigkeit fährt er 1 Minute gleichförmig weiter und bremst dann innerhalb von 40 Sek. bis zum Stillstand ab.

a) *Berechne die Änderungsrate der Geschwindigkeit während der Beschleunigungsphase.*

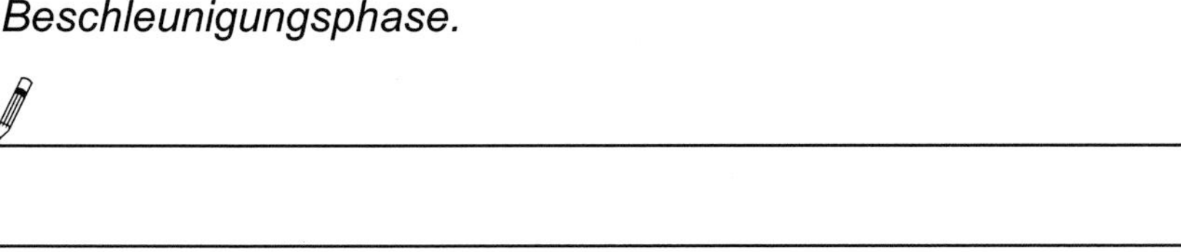

b) *Welche Strecke legt er während der Beschleunigungsphase zurück?*

c) *Ermittle die Bremsbeschleunigung.*

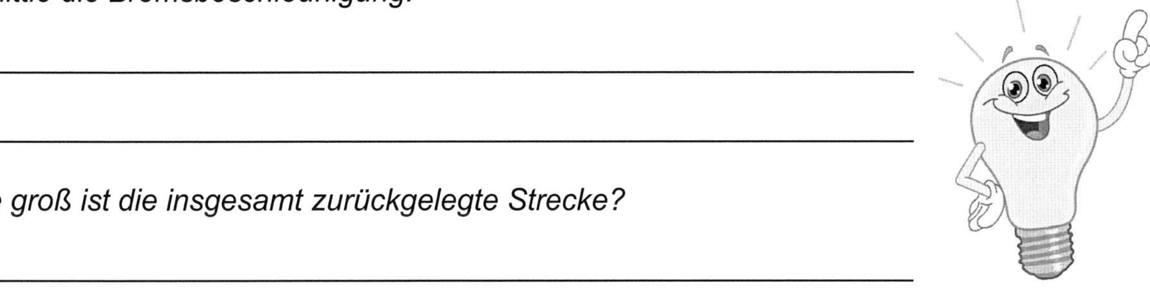

d) *Wie groß ist die insgesamt zurückgelegte Strecke?*

e) *Welche der folgenden schematischen Graphen beschreiben zumindest abschnittsweise einen möglichen Bremsvorgang im **v**-t-Diagramm?*

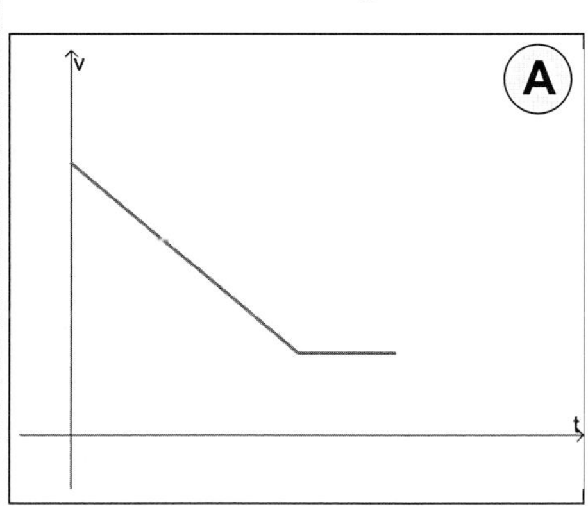

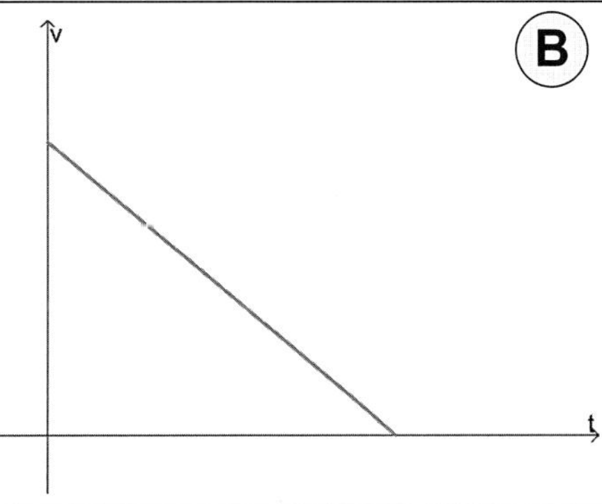

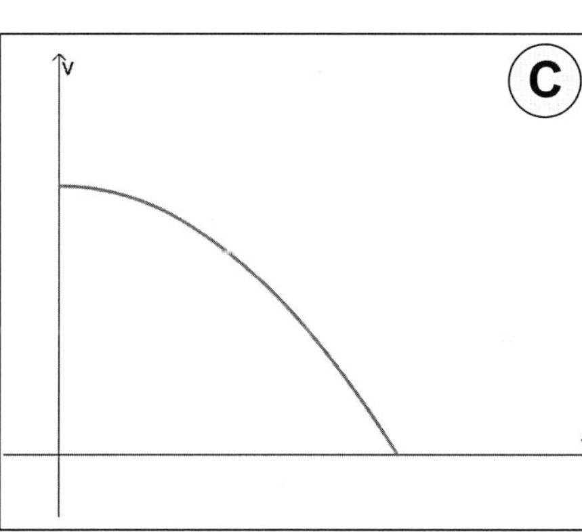

zutreffend: ______________________

Exponentielles Wachstum beschreiben & modellieren / Band 2 – Bestell-Nr. 12 929
KOHL VERLAG

5 Potentielles Wachstum und potentielle Abnahme

5.3 Übungsaufgaben (Blatt 4)

Aufgabe 4: Ein Physikstudent der Humboldt-Universität Berlin möchte ein Experiment zum freien Fall durchführen. Dazu fährt er mit dem Lift in die Aussichtsetage des Berliner Fernsehturms. Dort lässt er eine Stahlkugel, welche dem Luftwiderstand kaum Angriffsfläche bietet, aus 203 m Höhe fallen.

a) *Die Wachstumsfunktion s(t) für den Weg s in Abhängigkeit von der Zeit t beim freien Fall unter Vernachlässigung des Luftwiderstandes lautet allgemein:*

$s(t) = \frac{g}{2} \cdot t^2$ *mit der Fallbeschleunigung* $g = 9{,}81\ \frac{m}{s^2}$

Nach welcher Fallzeit schlägt die Kugel auf dem Boden auf?

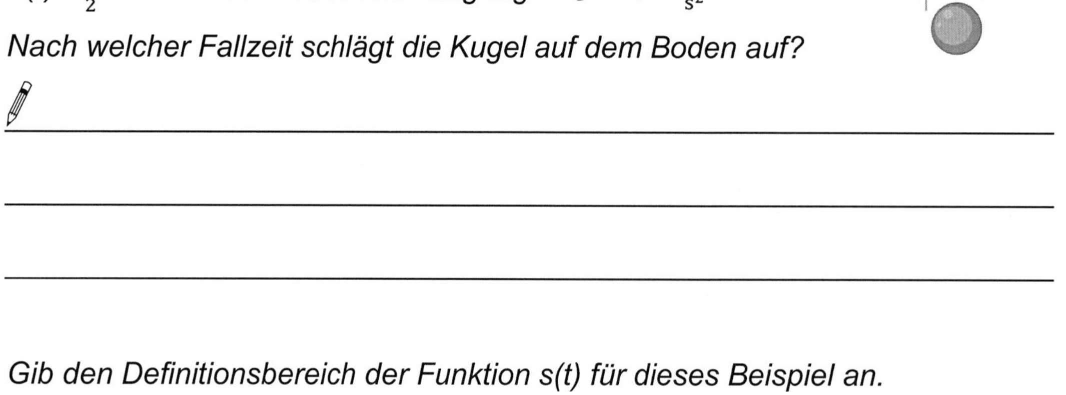

b) *Gib den Definitionsbereich der Funktion s(t) für dieses Beispiel an.*

c) *Skizziere den Graphen der Funktion s(t). Ergänze dazu die Wertetabelle.*

Zeit t in s	0	1	2	3	4	5	6		7
Weg s in m									

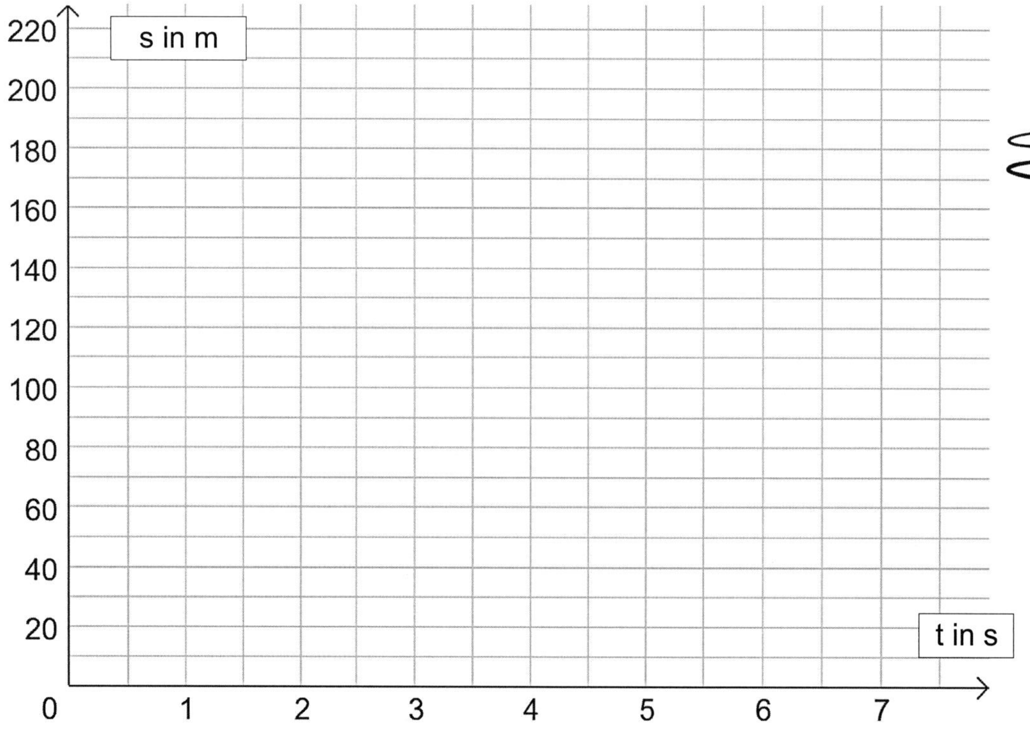

Exponentielles Wachstum beschreiben & modellieren / Band 2 – Bestell-Nr. 12 929
KOHL VERLAG

5.3 Übungsaufgaben (Blatt 5)

Fortsetzung Aufgabe 4:

d) *Der Zuwachs der Geschwindigkeit eines frei fallenden Körpers bei Vernachlässigung des Luftwiderstandes wird durch folgende Funktionsgleichung beschrieben:*

$v(t) = g \cdot t$ *mit der Fallbeschleunigung* $g \approx 9{,}81\ \frac{m}{s^2}$

Welche Geschwindigkeit erreicht die Kugel beim Aufprall?

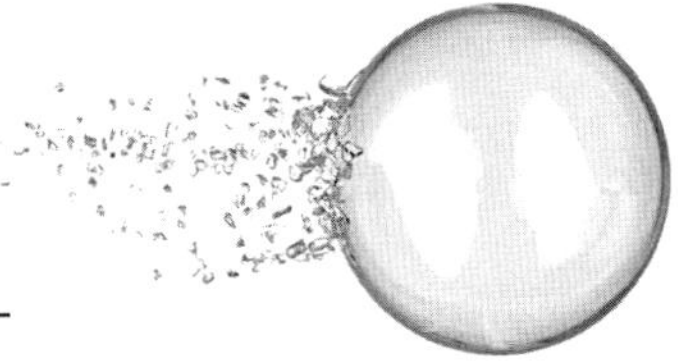

e) *Gib den Definitionsbereich der Funktion v(t) für dieses Experiment an.*

f) *Interpretiere die Fallbeschleunigung als Änderungsrate.*

g) *Zeichne den Graphen der Funktion v(t) mit Hilfe eines Steigungsdreiecks ausgehend vom Punkt P(2; 19,62). Stelle die Begrenzung des Definitionsbereiches als Hilfslinie im Koordinatensystem dar.*

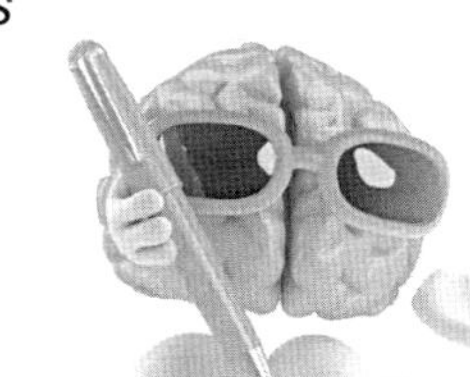

v-t-Diagramm

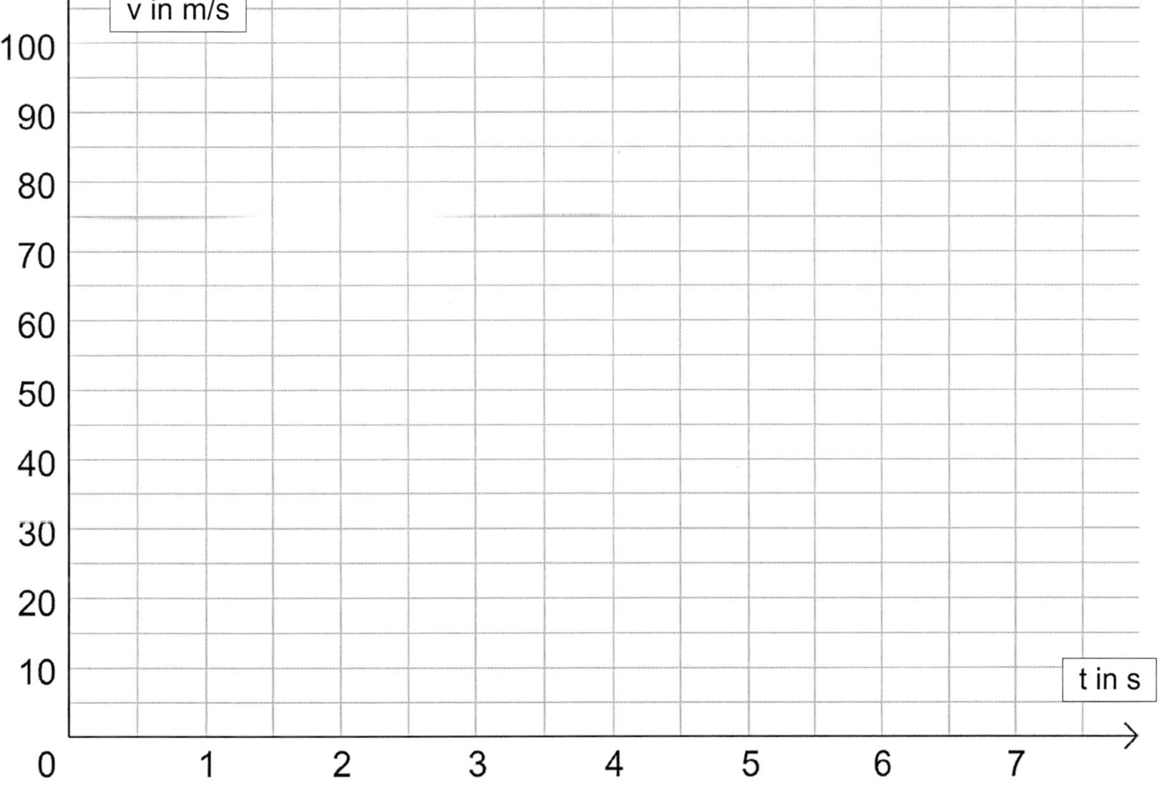

Exponentielles Wachstum beschreiben & modellieren / Band 2 – Bestell-Nr. 12 929
KOHL VERLAG

5 Potentielles Wachstum und potentielle Abnahme

5.3 Übungsaufgaben (Blatt 6)

Fortsetzung Aufgabe 4:

h) *Vergleiche die Wachstumseigenschaften von Weg und Geschwindigkeit beim freien Fall.*

____

____

i) *Gib für die Abnahme der Höhe h beim freien Fall aus 203 m Höhe eine Funktionsgleichung h(t) bei Vernachlässigung des Luftwiderstandes an.*

____

j) *Skizziere den Graphen der Funktion h(t) mit Hilfe einer Wertetabelle.*

Zeit t in s	0	1	2	3	4	5	6	6,43	6,44
Höhe h in m									

h-t-Diagramm

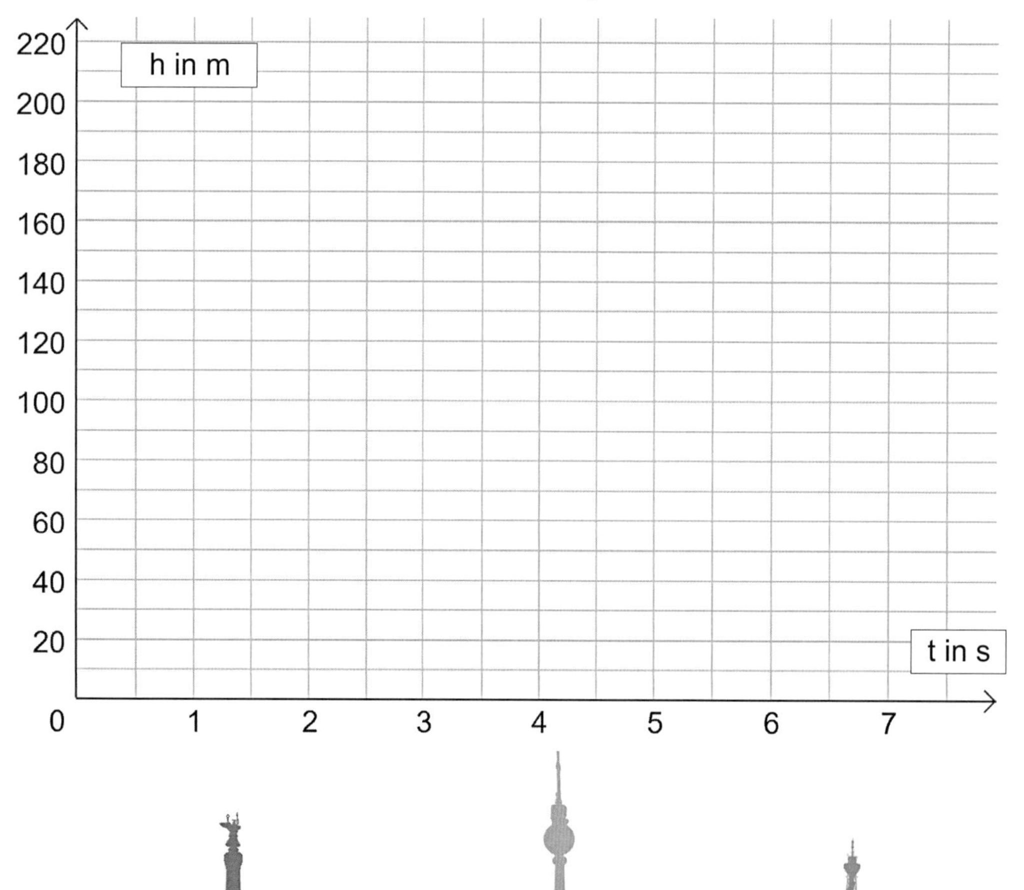

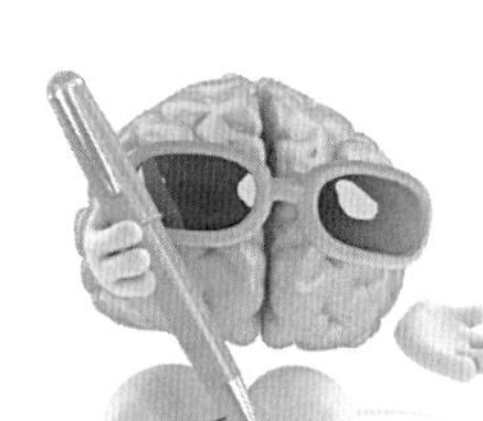

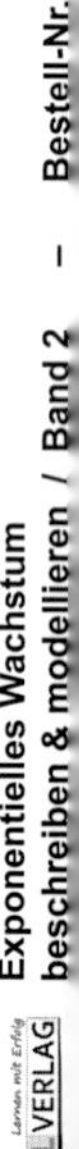

5.3 Übungsaufgaben (Blatt 7)

Aufgabe 5: Von einem quadratischen Blatt Papier der Seitenlänge 10 cm beginnt man in der linken unteren Ecke quadratische Felder zunehmender Größe auszuschneiden. Dazu schneidet man zunehmend jeweils nach 1 cm ein (siehe Skizze). Auf diese Weise verkleinert sich die Fläche somit zunächst um 1cm², dann um 4 cm², im nächsten Schritt um 9 cm² usw.

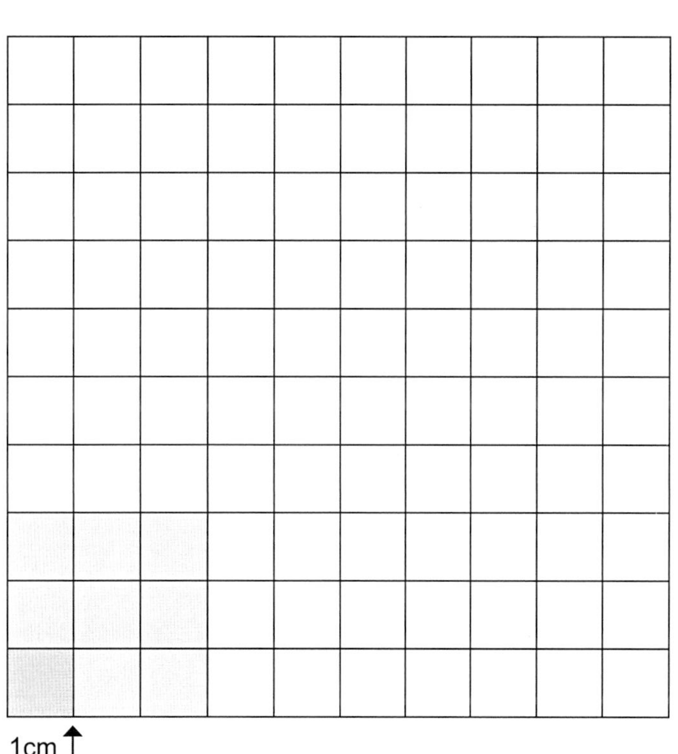

a) Ergänze die Wertetabelle. (Ein Kontrollergebnis ist vorgegeben.)

Einschnitt x in cm	0	1	2	3		5					
Restfläche A in cm²						75					

b) Wie lautet die Gleichung der Wachstumsfunktion A(x) für die quadratische Abnahme des Flächeninhaltes A in Abhängigkeit von der Länge x des Einschnitts? Gib auch den Definitionsbereich der Funktion an.

____

____

c) Skizziere den Graphen der Wachstumsfunktion auf einem gesonderten Blatt.

d) Um wie viel Millimeter muss man nach dem oben beschriebenen Verfahren einschneiden, damit nur noch ein Viertel des Blattes übrig bleibt?

____

____

____

Exponentielles Wachstum beschreiben & modellieren / Band 2 – Bestell-Nr. 12 929
KOHL VERLAG

6 Exponentielles Wachstum und exponentieller Zerfall

6.1 Eine mathematische Geschichte zur Einführung (Blatt 1)

Der Exponent im Bierglas

Im Gastraum der gut besuchten Gaststätte „Brauhaus“ wurde es allmählich ruhiger. Die Gäste, die hier zu Abend gespeist hatten, verließen nach und nach das Lokal. Es schlug bereits elf Uhr abends. Nur vom Herrentisch in der gemütlichen Ecke hinter dem Raumteiler drangen noch die Töne einer heiteren Männerrunde. „Noch eine Stunde bis Mitternacht, in einer halben Stunde ist aber Schluss, Maria wartet und ich brauche eine halbe Stunde für den Heimweg“, murmelte Jörg vor sich hin. Er war allmählich müde geworden. „Wer weiß, wann wir mal wieder so lustig zusammenkommen“, setzte Jonas entgegen, „in der Firma geraten wir höchstens aneinander.“

Es war das erste Mal, dass sich die drei Männer zum gemütlichen Zusammensein nach Dienstschluss trafen. Der Entschluss war nach der langen Dienstberatung spontan gefasst worden. Jonas arbeitete als Betriebswirtschaftler in der Firma, Stephan und Jörg als wissenschaftliche Mitarbeiter im Umweltamt des Landes.

Jonas beobachtete Jörg argwöhnisch von der Seite, denn er hatte keineswegs Lust, nach Hause zu gehen, zumal ihn dort keiner erwartete. Vor einem Monat hatte ihn seine Freundin verlassen.

Also – dachte Jonas und seine Gedanken sprühten – muss man Jörg überlisten, zumal auch Stephan keine Anstalten machte, in der nächsten halben Stunde aufzubrechen. Er hatte gerade die Kellnerin ins Visier genommen, die an der Theke Bier vom Fass zapfte. Sie hielt das Glas leicht schräg unter den Zapfhahn, so dass sich langsam eine prächtige Schaumkrone aufbaute, womit die Marke „Schaumbräu“ auf sich aufmerksam machte. Als die Kellnerin das Glas Bier auf einem Tablett zum Nachbartisch trug, leuchtete ihn die überdimensionale weiße Schaumkrone verlockend an. Jonas fuhr sich bei diesem Anblick mit der Zunge über die Lippen. Seine Idee war perfekt, er würde Jörg überlisten.

„Vier Bier bitte“, rief er der hübschen Kellnerin zu, obwohl die Gläser noch gar nicht vollständig geleert waren. Wieso bestellt Jonas vier Bier, hat er schon einen in der Krone? Stephan blickte fragend in die Runde. „Die gehen alle vier auf mich“, verkündete Jonas, während er das vierte herrenlose Glas mit wichtiger Miene auf der Mitte des Tisches, auf dem ein Schachfeld eingearbeitet war, abstellte. „Schaut euch die prächtige Krone an. Leider wird sie zerfallen. Wenn kein Schaum mehr auf dem Bier ist, werden wir aufbrechen, Jörg kann also beruhigt sein“, ordnete Jonas an. Er fingerte in seinem Aktenkoffer herum und grub ein kleines Lineal aus den Tiefen der Tasche hervor, welches er durch einen Bierdeckel gestützt senkrecht neben dem Bierglas anordnete.

KOHL VERLAG Exponentielles Wachstum beschreiben & modellieren / Band 2 – Bestell-Nr. 12 929

6 Exponentielles Wachstum und exponentieller Zerfall

6.1 Eine mathematische Geschichte zur Einführung (Blatt 2)

„So, der Countdown läuft“, verkündete Jonas verheißungsvoll. Der Minutenzeiger der Uhr war inzwischen um neunzig Grad auf die Drei weitergerückt. Während die drei Männer genüsslich einen tiefen Schluck des frisch servierten Bieres nahmen, beobachteten sie gespannt – wenn auch mit unterschiedlichen Erwartungen – die Schaumkrone auf dem vierten Glas …

Aufgabe 1: *Setze die Geschichte fort.*

Aufgabe 2: *Wodurch bildet sich Bierschaum und warum zerfällt er nach dem Einschenken wieder?*

Aufgabe 3: *Wovon hängt es ab, wie schnell Bierschaum zerfällt?*

KOHL VERLAG Exponentielles Wachstum beschreiben & modellieren / Band 2 – Bestell-Nr. 12 929

6.2 Ein mathematisches Experiment

Aufgabe: *Beobachte und protokolliere den zeitlichen Verlauf des Zerfalls von Bierschaum. Du benötigst:*
Lineal, Uhr mit Sekundenanzeige, Messzylinder oder ein gerades Glas ohne Wölbung im oberen Teil, Bier (darf auch alkoholfrei sein)

a) ***Durchführung***:
Schenke etwa 100 Milliliter Bier aus einer Flasche schräg in ein Glas (Messzylinder) ein. Beginne mit der Messung, wenn kein Schaum mehr aufsteigt. Miss die Schaumhöhe alle 30 Sekunden und protokolliere die Messwerte.

Protokoll der Messwerte

Zeit t in s	0	30	60	90	120	150	180	210	240
Schaumhöhe h in mm									
Differenz d zur vorherigen Höhe									

Zeit t in s	270	300	330	390	420
Schaumhöhe h in mm					
Differenz d zur vorherigen Höhe					

b) ***Auswertung:***
Charakterisiere den Prozess beim Zerfall von Bierschaum mit Worten und im Diagramm.

Verbale Beschreibung:

____

____

____

____

____

____

____

____

____

h-t-Diagramm

h in mm: 10, 20, 30, 40, 50, 60, 70, 80, 90, 100, 110

t in s: 0, 30, 60, 90, 120, 150, 180, 210, 240, 270, 300, 330, 360, 390, 420, 450

6.3 Der Klassiker: Die Legende von der Erfindung des Schachspiels

Der indische Herrscher Shihram tyrannisierte seine Untertanen und stürzte sein Land in Not und Elend. Um die Aufmerksamkeit des Königs auf seine Fehler zu lenken, ohne seinen Zorn zu entfachen, schuf Dahirs Sohn, der weise Brahmane Sissa, ein Spiel, in dem der König als wichtigste Figur ohne Hilfe anderer Figuren und Bauern nichts ausrichten kann. Der Unterricht im Schachspiel machte auf Shihram einen starken Eindruck. Er wurde milder und ließ das Schachspiel verbreiten, damit alle davon Kenntnis nehmen. Um sich für die anschauliche Lehre von Lebensweisheit und zugleich Unterhaltung zu bedanken, gewährte er dem Brahmanen einen freien Wunsch. Dieser wünschte sich Weizenkörner: Auf das erste Feld eines Schachbrettes wollte er ein Korn, auf das zweite Feld das Doppelte, also zwei, auf das dritte wiederum die doppelte Menge, also vier und so weiter. Der König lachte und war gleichzeitig erbost über die vermeintliche Bescheidenheit des Brahmanen. Als sich Shihram einige Tage später erkundigte, ob Sissa seine Belohnung in Empfang genommen habe, musste er hören, dass der Rechenmeister die Menge der Weizenkörner noch nicht berechnet hätte. Der Vorsteher der Kornkammer meldete nach mehreren Tagen ununterbrochener Arbeit, dass er diese Menge Getreidekörner im ganzen Reich nicht aufbringen könne. Auf allen Feldern eines Schachbretts zusammen wären es $2^{64} - 1$ oder 18 446 744 073 709 551 615 (≈ 18,45 Trillionen) Weizenkörner. Nun stellte er sich die Frage, wie das Versprechen eingelöst werden könne. Der Rechenmeister half dem Herrscher aus der Verlegenheit, indem er ihm empfahl, er solle Sissa ibn Dahir ganz einfach das Getreide Korn für Korn zählen lassen.

[Quelle: https://de.wikipedia.org/wiki/Sissa_ibn_Dahir, etwas verändert]

Es existieren alternative Erzählweisen, wonach es sich anstatt um Weizenkörner um Reiskörner gehandelt habe.

Aufgabe: **a)** *Berechne die Summe aller Reiskörner, die auf den ersten 10 Feldern liegen.*

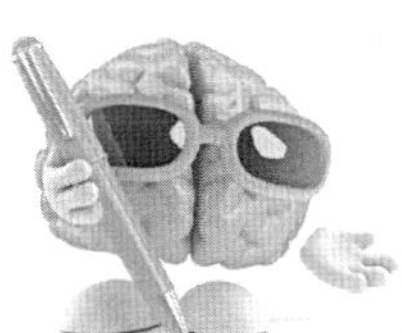

b) *Wie viele Reiskörner liegen auf dem 64. Feld des Schachbretts? Du brauchst das Ergebnis nur als Potenz von 2 anzugeben.*

c) *Gib einen Term zur Berechnung der Summe aller Reiskörner, die nach Sissas Vorschrift auf dem gesamten Schachbrett angehäuft wurden, an.*

KOHL VERLAG Exponentielles Wachstum beschreiben & modellieren / Band 2 – Bestell-Nr. 12 929

6.4 Exponentialfunktionen – Allgemeine mathematische Grundlagen (Blatt 1)

Die sehr häufig in der Natur vorkommende Wachstumsform ist das exponentielle Wachstum bzw. die exponentielle Abnahme (Zerfall). Diese Form spielt auch im Finanzwesen bei der Verzinsung von Kapital eine bedeutende Rolle. Exponentielles Wachstum sowie exponentieller Zerfall können mittels Exponentialfunktionen mathematisch modelliert und berechnet werden.

$f(x) = c \cdot a^x$, $c \in R$ und $a \in R$, $a > 0$

Beispiele:

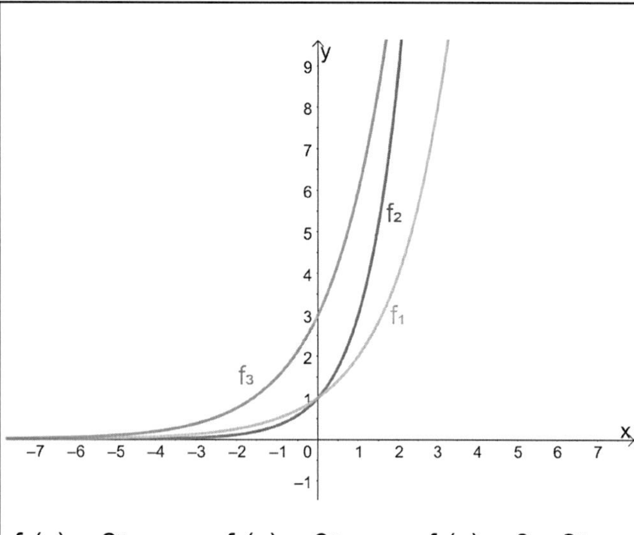

$f_1(x) = 2^x$ $f_2(x) = 3^x$ $f_3(x) = 3 \cdot 2^x$

Diese Funktionen sind für alle x ϵ R monoton steigend und stellen eine **exponentielle Zunahme** der Bestandsgröße dar.

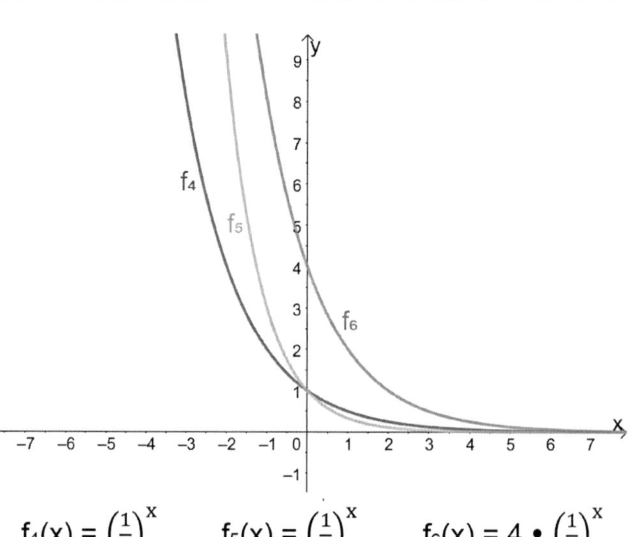

$f_4(x) = \left(\frac{1}{2}\right)^x$ $f_5(x) = \left(\frac{1}{3}\right)^x$ $f_6(x) = 4 \cdot \left(\frac{1}{2}\right)^x$

Diese Funktionen sind für alle x ϵ R monoton fallend und stellen eine **exponentielle Abnahme** der Bestandsgröße dar.

Der Schnittpunkt der Funktion $\mathbf{y = f(t) = c \cdot a^t}$ (Zeit t als unabhängige Variable) mit der y-Achse ist Sy(0; c) und zeigt mit c den Anfangswert der sich zeitlich ändernden Bestandsgröße y = f(t) an.

Die Aufgabenstellung, bei gegebenen Werten für y, c und Basis a in der Gleichung $\mathbf{y = c \cdot a^x}$ den Exponenten x zu bestimmen, ist durch Logarithmieren zu lösen. Es gilt: $\mathbf{x = \log_a\left(\frac{y}{c}\right)}$.

Eine besondere Bedeutung kommt der

Eulerschen Zahl e

als Basis von Exponentialfunktionen zu.

Es gilt: $\mathbf{e = \lim_{n\to\infty}\left(1 + \frac{1}{n}\right)^n \approx 2{,}718}$

Die Zahl e ist transzendent (unendlicher, nicht periodischer Dezimalbruch).

Bedeutung der Zahl e:
– zur Beschreibung natürlicher Wachstumsprozesse geeignet
– einfache Differenziation von $f(x) = e^x$ (*siehe Blatt 2*)

Leonhard Euler
- geboren 1707 in Basel, gestorben 1783 in Sankt Petersburg
- bedeutender Mathematiker, Physiker, Astronom, Geograph und Ingenieur
- wirkte in Basel, Berlin und Sankt Petersburg

Exponentielles Wachstum beschreiben & modellieren / Band 2 – Bestell-Nr. 12 929
KOHL VERLAG

6.4 Exponentialfunktionen – Allgemeine mathematische Grundlagen (Blatt 2)

Momentane Änderungsrate und Differenziation der Funktion $f(x) = e^x$

Die momentane Änderungsrate der Funktion $f(x) = e^x$ an der Stelle $x_0 = 1$ lässt sich als Grenzwert der durchschnittlichen Änderungsrate $\frac{f(x) - f(1)}{x - 1}$ [Steigung der Sekante durch die Punkte $P_1(1; f(1))$ und $P_2(x; f(x))$] für $\Delta x = (x - 1) \rightarrow 0$ ermitteln und entspricht folglich der Steigung der Tangente an den Funktionsgraphen an der Stelle $x_0 = 1$.

Die folgende programmgestützte Darstellung dient als Veranschaulichung des Sachverhaltes.
(Eine exakte Zeichnung von Tangenten ohne Kenntnis ihrer Steigung ist nicht möglich.)

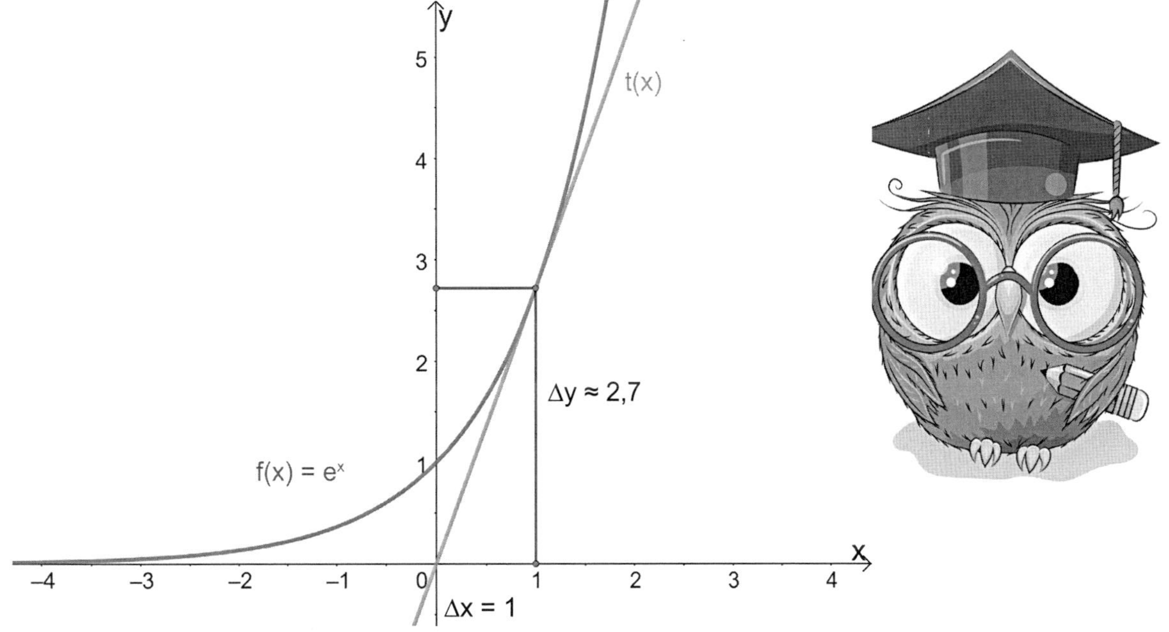

Aus der Zeichnung lässt sich die Steigung der Tangente näherungsweise mittels Steigungsdreieck bestimmen.

Es gilt: $f'(1) = m = \frac{\Delta y}{\Delta x} = \frac{2,7}{1} \approx 2,7$

Das führt zu der Vermutung, dass für die Funktion $f(x) = e^x$ exakt gilt: $f'(1) = e$

Wir suchen folglich eine Zahl „e", für welche allgemein $(e^x)' = e^x$ (*) gilt.

Nach Definition der Ableitung als Grenzwert $(e^x)' = \lim\limits_{h \to 0} \frac{e^{x+h} - e^x}{h}$ folgt für (*)

$\lim\limits_{h \to 0} \frac{e^{x+h} - e^x}{h} = e^x$ | Potenzgesetze anwenden →

$\lim\limits_{h \to 0} \frac{e^x \cdot e^h - e^x}{h} = e^x$ | e^x ausklammern →

$\lim\limits_{h \to 0} \left(\frac{e^h - 1}{h} \cdot e^x\right) = e^x$ | e^x ist von der Grenzwertbildung nicht berührt

$\lim\limits_{h \to 0} \left(\frac{e^h - 1}{h}\right) \cdot e^x = e^x$ | Division durch e^x

$\mathbf{\lim\limits_{h \to 0} \left(\frac{e^h - 1}{h}\right) = 1}$ Mit dieser Gleichung ist die Zahl e definiert.

Exponentielles Wachstum beschreiben & modellieren / Band 2 – Bestell-Nr. 12 929
KOHL VERLAG

6.4 Exponentialfunktionen – Allgemeine mathematische Grundlagen (Blatt 3)

Momentane Änderungsrate und Differenziation der Funktion $f(x) = e^x$

Um die Gleichung nach e umzustellen, muss die Grenzwertgleichung zunächst in eine übliche Gleichung umgewandelt werden.
Das ist möglich, da für sehr kleine Werte von h der Ausdruck $\frac{e^h - 1}{h}$ annähernd mit seinem Grenzwert übereinstimmt.

$$\lim_{h \to 0} \left(\frac{e^h - 1}{h}\right) = 1$$

$\frac{e^h - 1}{h} \approx 1$ | h beliebig klein

$e^h \approx h + 1$ | Wir setzen $h = \frac{1}{n}$

$e^{\frac{1}{n}} \approx \frac{1}{n} + 1$ | n beliebig groß, Potenzieren mit n

$e \approx \left(1 + \frac{1}{n}\right)^n$ | Näherung rückgängig machen

$$e = \lim_{n \to \infty} \left(1 + \frac{1}{n}\right)^n$$

explizite Darstellung der Zahl e als Grenzwert einer Zahlenfolge

Aufgabe 1: *Berechne den Ausdruck $\frac{e^h - 1}{h}$ für kleine Werte von h. Zu welcher Schlussfolgerung kommst du?*

h	1	0,1	0,01	0,001	0,0001	$\to 0$
$\frac{e^h - 1}{h}$						

Schlussfolgerung: ______________________________

Aufgabe 2: *Berechne die ersten Näherungswerte für die Zahl e mit Hilfe der Zahlenfolge $\left(1 + \frac{1}{n}\right)^n$.*

n	1	10	100	1000	10 000	100 000	$\to \infty$
$\left(1 + \frac{1}{n}\right)^n$							

KOHL VERLAG Exponentielles Wachstum beschreiben & modellieren / Band 2 – Bestell-Nr. 12 929

6.4 Exponentialfunktionen – Allgemeine mathematische Grundlagen (Blatt 4)

Der natürliche Logarithmus

Allgemein gilt: Wenn $a^x = b \rightarrow x = \log_a b$ (Logarithmus zur Basis a von b)

Speziell gilt: **Wenn $e^x = b \rightarrow x = \log_e b = \ln b$ (Logarithmus naturalis)**

Rechengesetze:

(*) $\ln(e^x) = x$ und (**) $e^{\ln x} = x$

Basistransformation:
Da Exponentialfunktionen zur Basis e besonders geeignet sind, um Wachstumsprozesse in der Natur zu beschreiben und auch einfach zu differenzieren sind, stellt man Exponentialfunktionen vom Typ $f(x) = a^x$ oft als Exponentialfunktionen mit der Eulerschen Zahl e als Basis dar.

Es gilt:

(***) $a^x = e^{x \cdot \ln a}$

Basis e ist super!

Beweis: $a^x \underset{(**)}{=} e^{\ln(a^x)} = e^{x \cdot \ln a}$ | nach (**) und Logarithmengesetz

Beispiele: $2^x = e^{x \cdot \ln 2}$
$10^x = e^{x \cdot \ln 10}$

Für die Ableitung der allgemeinen Exponentialfunktion gilt:

(****) $(a^x)' = (\ln a) \cdot a^x$

Beweis: $(a^x)' \underset{(***)}{=} (e^{x \cdot \ln a})' \underset{\text{Kettenregel}}{=} e^{x \cdot \ln a} \cdot \ln a \underset{(***)}{=} (\ln a) \cdot a^x$

Beispiel: $f(x) = 2^x$ $\quad f'(x) = \ln 2 \cdot 2^x$
$f'(1) = \ln 2 \cdot 2^1 = 2 \cdot \ln 2$
$f'(2) = \ln 2 \cdot 2^2 = 4 \cdot \ln 2$
$f'(5) = \ln 2 \cdot 2^5 = 32 \cdot \ln 2$

Aufgabe 3: *Berechne die Änderungsrate der Funktion*

a) $f(x) = 2^x$ an der Stelle $x_0 = 1$ ____________________

b) $f(x) = 3^x$ an der Stelle $x_0 = 2$ ____________________

c) $f(x) = x \cdot 2^{x+1}$ an der Stelle $x_0 = 2$ ____________________

Exponentielles Wachstum beschreiben & modellieren / Band 2 – Bestell-Nr. 12 929

KOHL VERLAG

6.4 Exponentialfunktionen – Allgemeine mathematische Grundlagen (Blatt 5)

Multiple-Choice-Test quer durch die Exponentialfunktionen

Aufgabe: *Kreuze bei den folgenden Aufgaben (1. – 15.) jeweils die richtigen Aussagen an. Beachte, dass Mehrfachantworten zutreffen können.*

1. Welche Punkte sind Elemente der Funktion $f(x) = 3 \cdot \left(\frac{1}{2}\right)^x$?

☐ A (0; 0) ☐ B (0; 3) ☐ C (– 1; 6) ☐ D $\left(-1; -\frac{3}{2}\right)$

☐ E (2;3) ☐ F $\left(2; \frac{3}{4}\right)$ ☐ G $\left(-3; -\frac{9}{2}\right)$ ☐ H (– 4;48)

2. Der Punkt P(– 1; – 4) ist Element der Funktion f

☐ A $f(x) = -3 \cdot 0{,}75^x$ ☐ B $f(x) = 3 \cdot 0{,}75^x$ ☐ C $f(x) = 4 \cdot \left(\frac{4}{3}\right)^x$

3. Welche Aussagen treffen für die Funktion $f(x) = 2{,}5 \cdot 3^x$ zu?

☐ A Der Funktionsgraph schneidet die x-Achse bei 2,5.

☐ B S(0; 2,5) ist Schnittpunkt mit der y-Achse.

☐ C Es gibt eine reelle Zahl x, sodass P(x; 0) auf dem Funktionsgraph liegt.

☐ D Für diese Funktion gilt: $\lim_{n \to -\infty} f(x) = 0$

☐ E Für diese Funktion gilt: $\lim_{n \to \infty} f(x) = \infty$

☐ F Der Funktionsgraph ist symmetrisch zur y-Achse.

☐ G Die Funktion ändert an der Stelle x = 0 ihr Monotonieverhalten.

☐ H Die Funktion hat genau einen Extrempunkt.

4. Welche Aussagen sind zutreffend?

☐ A Die Eulersche Zahl e ist ein unendlicher, periodischer Dezimalbruch.

☐ B Für die Ableitung der Funktion $f(x) = e^x$ an der Stelle $x_0 = 2$ gilt: $f'(2) = e^2$.

☐ C Die Eulersche Zahl e kann nicht als Bruch dargestellt werden.

☐ D Es gilt: $e = \left(1 + \frac{1}{n}\right)^n$.

☐ E Es gilt: $e = \lim_{n \to \infty} \left(1 + \frac{1}{n}\right)^n$.

☐ F Für diese transzendente Zahl gilt: e = 2,718.

☐ G Für diese transzendente Zahl gilt: $e = 2{,}\overline{718}$.

KOHL VERLAG – Exponentielles Wachstum beschreiben & modellieren / Band 2 – Bestell-Nr. 12 929

6 Exponentielles Wachstum und exponentieller Zerfall

6.4 Exponentialfunktionen – Allgemeine mathematische Grundlagen (Blatt 6)

5. Die Gleichung $5000 = 100 \cdot 1{,}05^x$ ist zu lösen. Welche Umformung ist richtig?

☐ A $x = \log_{1,05} 50$ ☐ B $x = \log_{1,05} 5000$ ☐ C $x = \sqrt[1,05]{50}$

6. Welche Funktionsvorschrift passt zu welchem Graphen? Kreuze unten an.

(a) $f(x) = -2 \cdot 2^x$ (b) $f(x) = 4 \cdot \left(\frac{1}{2}\right)^x$

(c) $f(x) = 2^x$ (d) $f(x) = 2^{-x}$

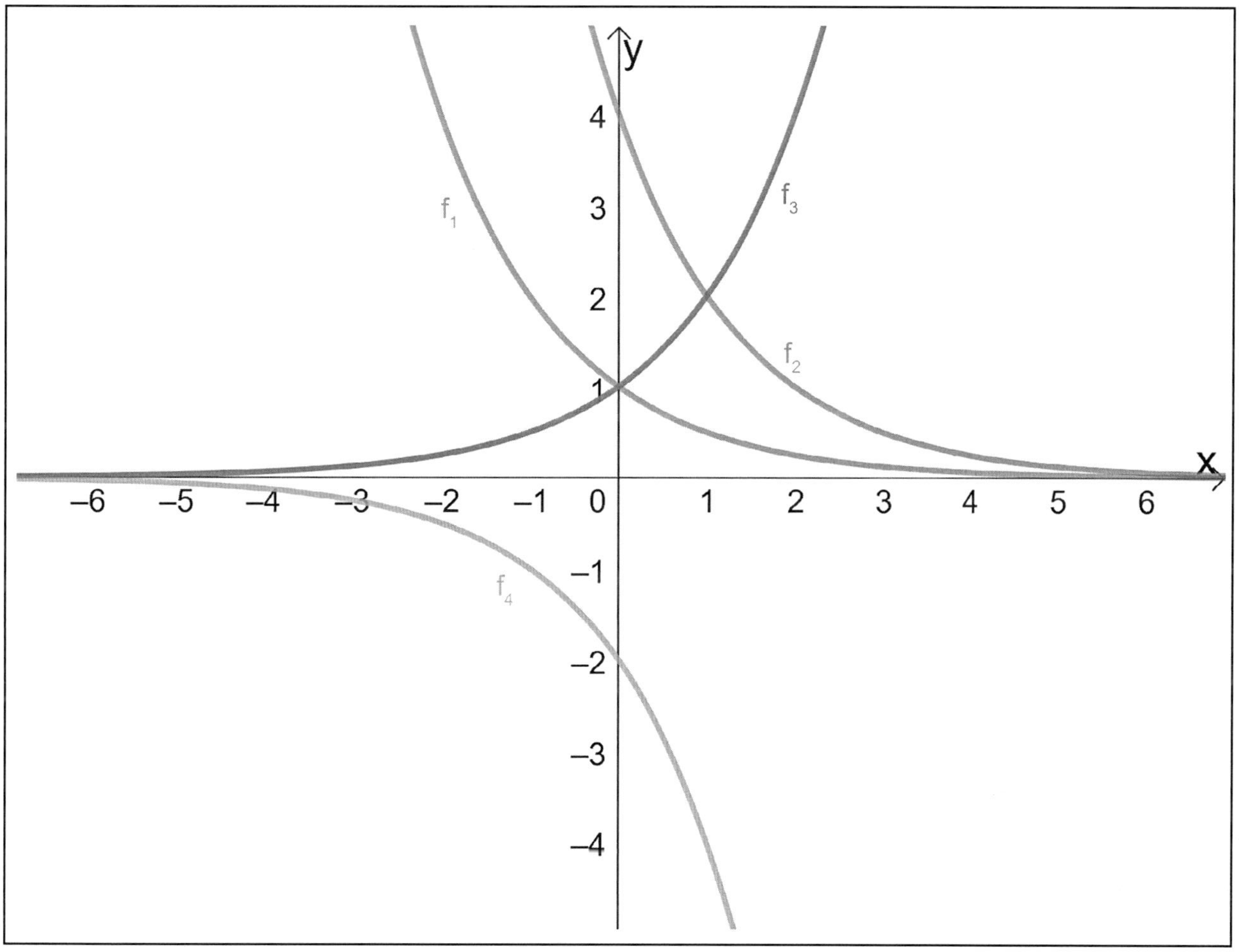

☐ A

a	b	c
$f_2(x)$	$f_3(x)$	$f_1(x)$

☐ B

a	b	c
$f_4(x)$	$f_2(x)$	$f_1(x)$

☐ C

a	b	c
$f_4(x)$	$f_2(x)$	$f_3(x)$

☐ D

a	b	c
$f_2(x)$	$f_3(x)$	$f_4(x)$

Exponentielles Wachstum beschreiben & modellieren / Band 2 – Bestell-Nr. 12 929
KOHL VERLAG

6.4 Exponentialfunktionen – Allgemeine mathematische Grundlagen (Blatt 7)

7. Welcher Ausdruck trifft für die Änderungsrate der Funktion $f(x) = 0{,}75 \cdot e^{x^2}$ an der Stelle x_0 zu?

☐ A $f'(x_0) = 0{,}75 \cdot e^{2x_0}$

☐ B $f'(x_0) = 1{,}5 \cdot x_0 \cdot e$

☐ C $f'(x_0) = 1{,}5 \cdot x_0 \cdot e^{x_0^2}$

Zur Erinnerung: Ableitungsregeln

Faktorregel:
$f(x) = k \cdot u(x)$ $\quad f'(x) = k \cdot u'(x)$

Summenregel:
$f(x) = u(x) + v(x)$ $\quad f'(x) = u'(x) + v'(x)$

Produktregel:
$f(x) = u(x) \cdot v(x)$ $\quad f'(x) = u'(x) \cdot v(x) + u(x) \cdot v'(x)$

Quotientenregel:
$f(x) = \frac{u(x)}{v(x)}$ $\quad f'(x) = \frac{u'(x) \cdot v(x) - u(x) \cdot v'(x)}{(v(x))^2}$

Kettenregel:
$f(x) = u(v(x))$ $\quad f'(x) = u'(v(x)) \cdot v'(x)$

8. Welchen Wert hat die Wachstumsrate der Funktion $f(t) = 2t \cdot e^{0,5t}$ an der Stelle $t_0 = 2$?

☐ A $f'(2) = 2 \cdot e^{0,5}$

☐ B $f'(2) = e$

☐ C $f'(2) = 4e$

☐ D $f'(2) = 2 + 0{,}5 \cdot e$

9. Welchen Wert nimmt die Wachstumsrate der Funktion

$f(x) = \frac{e^{2x}}{2x}$ an der Stelle $x_0 = 1$ an?

☐ A $f'(1) = e^2$ ☐ B $f'(1) = 0$ ☐ C $f'(1) = \frac{e^2}{2}$

10. Auf einem Teich befindet sich zu Beobachtungsbeginn eine Seerose. Die Sorte verdoppelt sich täglich. Nach 80 Tagen ist der gesamte Teich zugewachsen. Nach wie vielen Tagen war ein Viertel des Teiches mit Seerosen bedeckt?

☐ A nach 78 Tagen

☐ B nach 76 Tagen

☐ C nach 60 Tagen

☐ D nach 20 Tagen

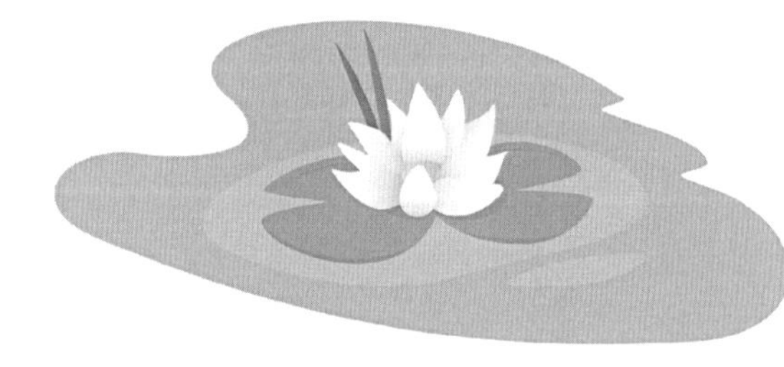

11. Ein Kapital von 5000 € wird mit Zinseszins angelegt. Der Zinssatz beträgt 5 %. Nach welcher Zeit hat sich das Kapital verdoppelt?

☐ A nach etwa 20 Jahren

☐ B nach etwa 14,21 Jahren

☐ C nach exakt $t = \sqrt[1,05]{2}$ Jahren

☐ D nach exakt $t = \log_{1,05} 2$ Jahren

☐ E nach exakt $t = \log_{1,05} 10\,000$ Jahren

Exponentielles Wachstum beschreiben & modellieren / Band 2 – Bestell-Nr. 12 929
KOHL VERLAG

6.4 Exponentialfunktionen – Allgemeine mathematische Grundlagen (Blatt 8)

12. Wie groß ist der Zinssatz, wenn sich ein mit Zinseszins angelegtes Kapital innerhalb von 20 Jahren verdreifacht?

☐ A $100 \cdot (\sqrt[20]{3} - 1)$ Prozent

☐ B $\sqrt[20]{3} - 1$ Prozent

☐ C $100 \cdot (\sqrt[20]{3})$ Prozent

☐ D $100 \cdot \sqrt[20]{3} - 1$ Prozent

☐ E $100 \cdot (\sqrt[3]{20} - 1)$ Prozent

☐ F $100 \cdot (\log_3 20 - 1)$ Prozent

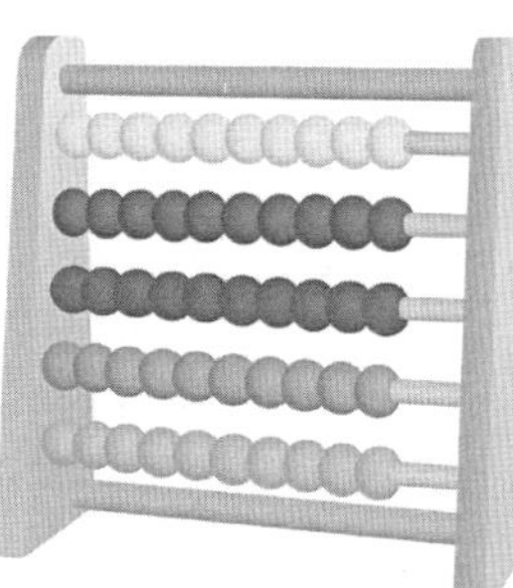

13. Die Halbwertszeit des radioaktiven Radiumisotops $^{226}_{88}\mathrm{Ra}$ beträgt 1600 Jahre. Nach wie vielen Jahren ist etwa nur noch ein Achtel des ursprünglichen Isotops vorhanden?

☐ A nach 6400 Jahren

☐ B nach 4800 Jahren

☐ C nach 3200 Jahren

☐ D nach 400 Jahren

☐ E nach 200 Jahren

14. Die erste Ableitung der Funktion $f(x) = (x + 1) \cdot e^{3x}$ ist:

☐ A A $f'(x) = e^{3x}$

☐ B $f'(x) = x \cdot e^{3x}$

☐ C $f'(x) = 3 \cdot e^{3x}$

☐ D $f'(x) = (3x + 4) \cdot e^{3x}$

☐ E $f'(x) = (3x + 3) \cdot e^{3x}$

15. Welcher Ausdruck entspricht der momentanen Änderungsrate der Funktion $f(x) = 2x \cdot 22^x$ an der Stelle $x_0 = 1$?

☐ A $f'(1) = 4 \cdot \ln 2$

☐ B $f'(1) = 8 + 16 \cdot \ln 2$

☐ C $f'(1) = 8 + 8 \cdot \ln 2$

☐ D $f'(1) = 24$

Exponentielles Wachstum beschreiben & modellieren / Band 2 – Bestell-Nr. 12 929
KOHL VERLAG

6.5 Grundlagen zur Berechnung von exponentiellen Wachstums- und Zerfallsprozessen

Was bekannt ist:
b_0 sei die Bestandsgröße zu Beginn der Messung (Zählung) und b(t) die Bestandsgröße zum Zeitpunkt t der Messung (Zählung).

Dann gilt bei **exponentiellem Wachstum** der Bestandsgröße

(1) $\mathbf{b(t) = b_0 \cdot e^{k \cdot t}}$ **Wachstumsfunktion (k heißt Wachstumskonstante)**

und

(2) $\mathbf{b'(t) = k \cdot b_0 \cdot e^{k \cdot t}}$ **Wachstumsgleichung**

bzw. **bei exponentieller Abnahme**

(3) $\mathbf{b(t) = b_0 \cdot e^{-k \cdot t}}$ **Zerfallsfunktion**

und

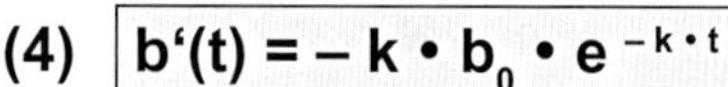

(4) $\mathbf{b'(t) = -k \cdot b_0 \cdot e^{-k \cdot t}}$ **Zerfallsgleichung**

Hinweis: Alternativ kann bei exponentiellem Wachstum auch der Ansatz $\mathbf{b(t) = b_0 \cdot q^t}$ verwendet werden, mit welchem sich rechentechnisch of einfacher arbeiten lässt. Man spricht dabei vom **Wachstumsfaktor q**, im Gegensatz zur Wachstumskonstanten k (siehe oben).

Aufgabe 1: *Forme die Gleichung $b(t) = b_0 \cdot q^t$ in eine entsprechende Gleichung mit einer Potenz zur Basis e um.*

____

Aufgabe 2: *Ein Zerfallsprozess wird durch die Gleichung $b(t) = b_0 \cdot 0{,}99988^t$ beschrieben. Ermittle die Zerfallsfunktion (siehe Gleichung (3) oben). Welchen Wert nimmt die Wachstumskonstante k an?*

____

____

____

____

____

KOHL VERLAG Lernen mit Erfolg
Exponentielles Wachstum beschreiben & modellieren / Band 2 – Bestell-Nr. 12 929

6.6 Beispiel zur Anwendung von Exponentialfunktionen (Blatt 1)

Die Radiocarbonmethode zur radioaktiven Altersbestimmung – Ein Exkurs in die Physik

Kohlenstoff als Bestandteil von Kohlendioxid, welches in der Luft und in Organismen enthalten ist, tritt in der Natur in Form von drei Isotopen auf:
${}^{12}_{6}C$, ${}^{13}_{6}C$ und ${}^{14}_{6}C$. Während die Isotope ${}^{12}_{6}C$, ${}^{13}_{6}C$ stabil sind, ist das mit nur äußerst minimalem Prozentsatz auftretende Isotop ${}^{14}_{6}C$ (**Radiocarbon**) instabil.
Das Isotop ${}^{14}_{6}C$ entsteht aus Stickstoffatomen in den oberen Schichten der Atmosphäre durch Neutronenbeschuss aus der kosmischen Strahlung stets neu (siehe Abbildung).
Über die Atemluft gelangt Kohlenstoff nach seiner Verbindung mit Sauerstoff zu $C0_2$ in den Körper lebendiger Organismen, wo das Isotop ${}^{14}_{6}C$ im gleichen Verhältnis zu den anderen Kohlenstoffisotopen wie in der Atmosphäre vorkommt. Da allerdings das radioaktive Isotop zerfällt (*siehe Abbildung*) und in einem abgestorbenen Organismus nicht wie in der Atmosphäre von außen über die Atmung ersetzt werden kann, verringert sich dessen Anteil im Vergleich zu den Anteilen der stabilen Isotope im Laufe vieler Jahre.
Da die Zerfallszeit des Isotops ${}^{14}_{6}C$ bekannt ist – die Halbwertszeit beträgt 5730 Jahre – ist es möglich, das Alter fossiler Organismen aus dem verbliebenen ${}^{14}_{6}C$-Anteil in seinen Überresten zu berechnen.

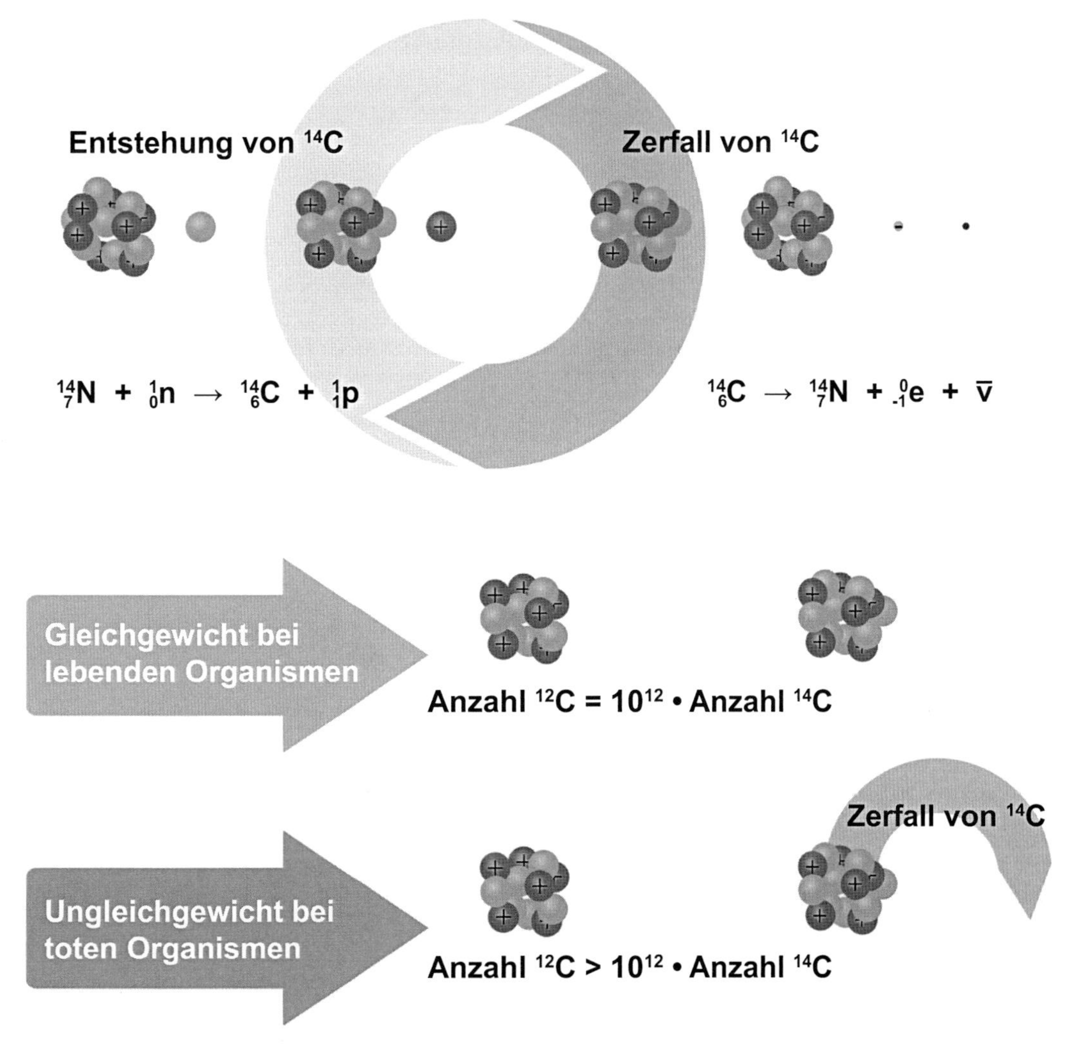

KOHL VERLAG Exponentielles Wachstum beschreiben & modellieren / Band 2 – Bestell-Nr. 12 929

6.6 Beispiel zur Anwendung von Exponentialfunktionen (Blatt 2)

Ötzis Alter

Im Jahr 1991 gab es in den Ötztaler Alpen einen sensationellen Steinzeitfund.
Die fossile menschliche Leiche nannte man ***Ötzi***.
Mit Hilfe der Radiocarbonmethode gelang es den Forschern, das Alter des Fundes zu bestimmen.

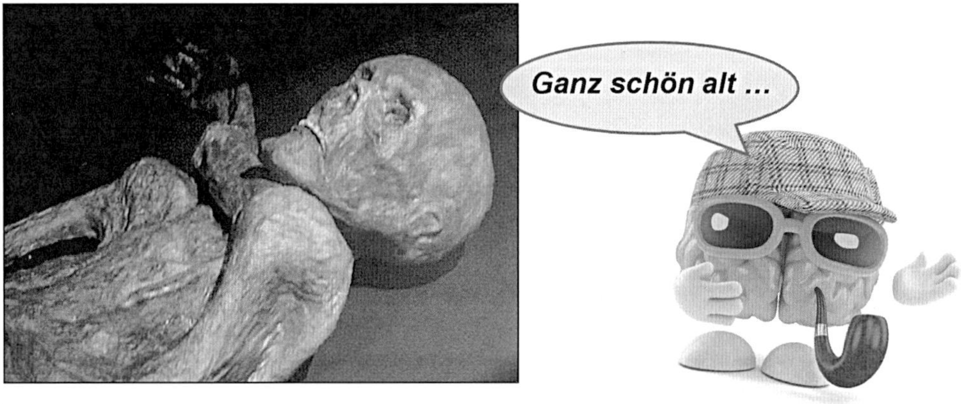

Aufgabe:

Berechne das Alter von Ötzi, wenn bekannt ist, dass der Anteil des radioaktiven Isotops ${}^{14}_{6}C$, welches eine Halbwertszeit von 5730 Jahren hat, zum Zeitpunkt der Entdeckung auf 53 % des Ausgangswertes abgesunken war.

Lösung:

Es seien
N_0 der Ausgangswert für die Anzahl der ${}^{14}_{6}C$-Atome vor Absterben des fossilen Organismus, N die Anzahl der ${}^{14}_{6}C$-Atome zum Zeitpunkt des Fundes,
t die Zeitdauer in Jahren vom Absterben des fossilen Fundes bis zur Entdeckung (Alter von Ötzi), $T_{1/2}$ die Halbwertszeit in Jahren.
Dann lautet die Zerfallsfunktion: $\mathbf{N(t) = N_0 \cdot e^{-k \cdot t}}$

1. Schritt:
Berechnung der Wachstumskonstante k aus bekannter Halbwertszeit $T_{1/2} = 5730$ Jahre

Ansatz: $\frac{1}{2} \cdot N_0 = N_0 \cdot e^{-k \cdot t} \quad \rightarrow$

$\frac{1}{2} = e^{-k \cdot 5730} \quad \rightarrow$

$-k \cdot 5730 = \ln \frac{1}{2} \quad \rightarrow \quad k \approx 0{,}0001209681$

2. Schritt:
Berechnung des Alters t von Ötzi

Ansatz: $\frac{53}{100} \cdot N_0 = N_0 \cdot e^{-0{,}0001209681 \cdot t} \quad \rightarrow$

$\frac{53}{100} = e^{-0{,}0001209681 \cdot t} \quad \rightarrow$

$-0{,}0001209681 \cdot t = \ln \frac{53}{100}$

$t \approx 5248$

Steinzeitmensch

Das fossile Alter von Ötzi beträgt etwa 5200 bis 5300 Jahre.

Exponentielles Wachstum beschreiben & modellieren / Band 2 – Bestell-Nr. 12 929
KOHL VERLAG

6.7 Übungs- und Anwendungsaufgaben (Blatt 1)

Aufgabe 1: *Das nachfolgende Diagramm beschreibt mit dem Graph der Funktion p(t) den Zerfall des radioaktiven Kohlenstoffisotops $^{14}_{6}C$.*

a) *Lies das fossile Alter von Ötzi näherungsweise aus dem Diagramm ab.*

____

b) *Bestimme näherungsweise das Alter eines Fundes mit 20 % $^{14}_{6}C$-Gehalt mit Hilfe des Diagramms. Markiere entsprechende Hilfslinien.*

____

c) *Berechne das Alter dieses Fundes (siehe oben) rechnerisch.*

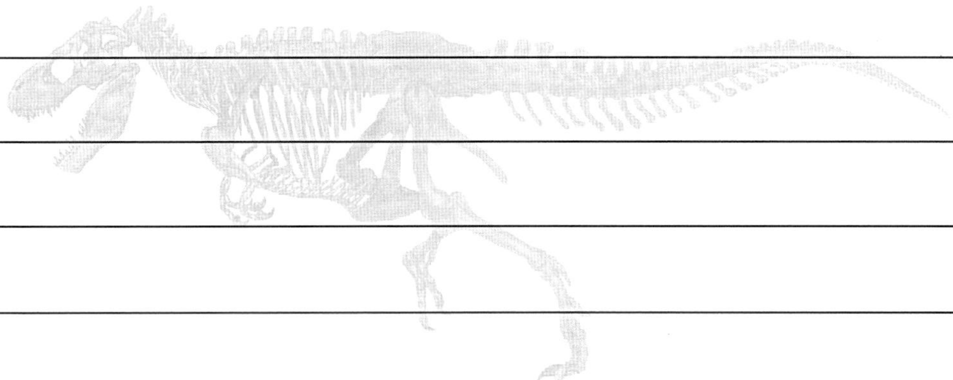

____

____

____

____

Zerfall von $^{14}_{6}C$

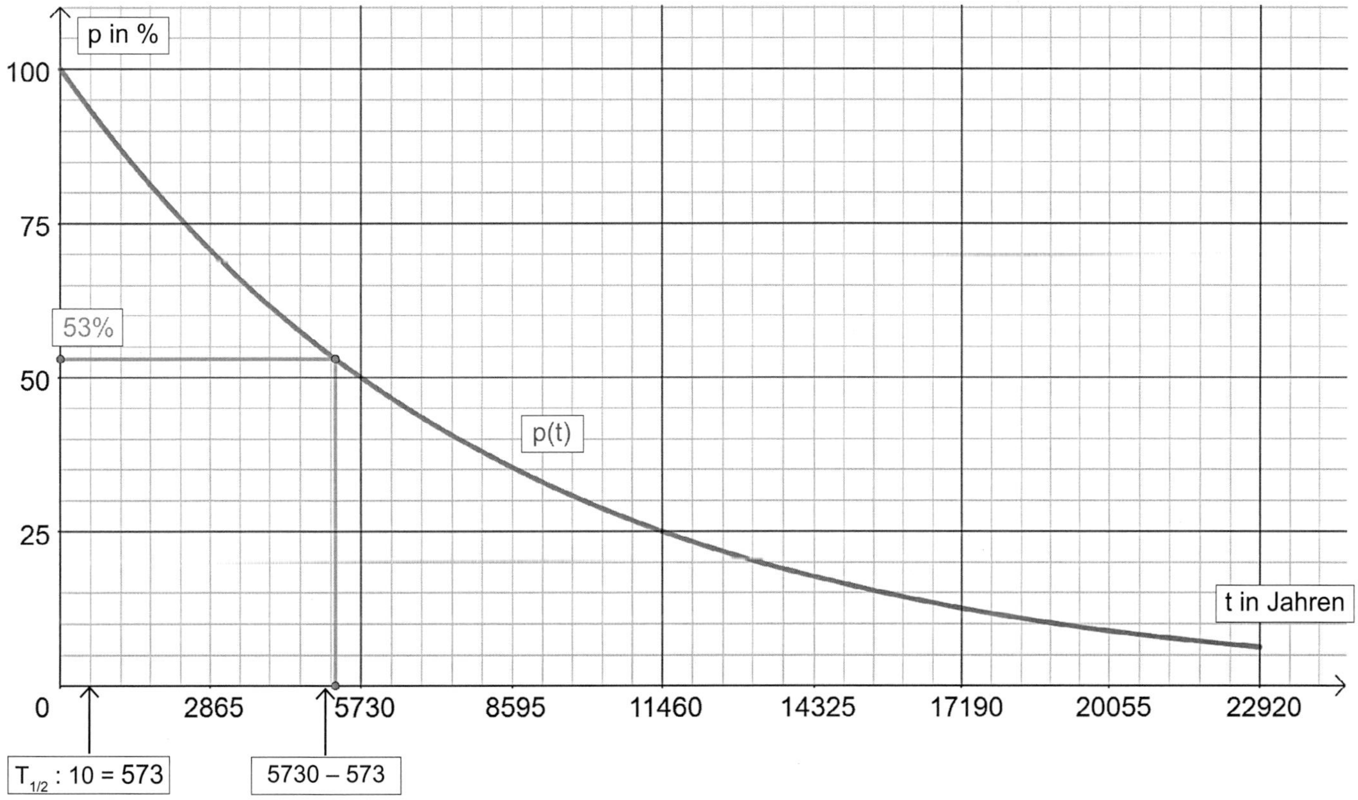

Exponentielles Wachstum beschreiben & modellieren / Band 2 – Bestell-Nr. 12 929
KOHL VERLAG

6 Exponentielles Wachstum und exponentieller Zerfall

6.7 Übungs- und Anwendungsaufgaben (Blatt 2)

Aufgabe 2: *Berechne das Alter eines Tierskelettes, bei welchem der Anteil des radioaktiven Isotops $^{12}_{6}C$ am Gesamtkohlenstoff im Laufe der Zeit auf $0{,}2 \cdot 10^{-11}$ % abgesunken ist.*

Beachte die Information im Kasten rechts.

Kohlenstoff
kommt in der Luft und in lebenden Organismen als Isotopengemisch vor. Dieses Gemisch besteht zu ≈ 98,89 % aus dem stabilen Isotop $^{12}_{6}C$, zu ≈ 1,11 % aus dem ebenfalls stabilen Isotop $^{13}_{6}C$ und zu ≈ $3 \cdot 10^{-11}$ % aus dem instabilen, radioaktiven Isotop $^{14}_{6}C$ (Radiocarbon).

$^{14}_{6}C$

Aufgabe 3:

Auch bei anderen Elementen (zum Beispiel Uran, Radium, Cobalt) kommen radioaktive Isotope vor, die unter Abgabe von Strahlung zerfallen. Dabei zerfällt in gleichen Zeiten der gleiche Anteil (Bruchteil) der vorhandenen Substanzmenge. Die Zerfallszeiten der Isotope unterscheiden sich wesentlich. So hat Radium $^{226}_{88}Ra$ eine Halbwertszeit von 1602 Jahren, während Polonium $^{214}_{84}Po$ in nur $1{,}6 \cdot 10^{-4}$ Sekunden auf die Hälfte seiner ursprünglichen Substanz zerfällt.

Wie lange dauert es etwa, bis 90 % einer vorhandenen Menge dieser beiden Substanzen jeweils zerfallen sind?

Radium $^{226}_{88}Ra$	**Polonium $^{214}_{84}Po$**

KOHL VERLAG
Exponentielles Wachstum beschreiben & modellieren / Band 2 – Bestell-Nr. 12 929

6 Exponentielles Wachstum und exponentieller Zerfall

6.7 Übungs- und Anwendungsaufgaben (Blatt 3)

Aufgabe 4: *In einer Bakterienkultur vermehren sich die Bakterien innerhalb einer Stunde um 12 %. Zu Beginn der Beobachtung sind 10 000 Bakterien vorhanden.*

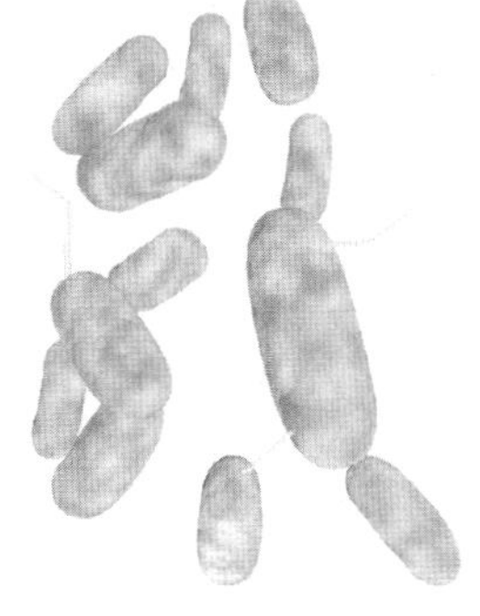

a) *Ermittle den Wachstumsfaktor q und die Funktion $B(t) = B_0 \cdot q^t$ zur Beschreibung des Bakterienwachstums.*

____

____

b) *Nach welcher Zeit ist die Zahl der Bakterien in der Kultur auf 1 Million angewachsen?*

____

____

____

c) *Welche Einflüsse beschränken das exponentielle Bakterienwachstum?*

____

____

Aufgabe 5:

Ein See mit einer Oberfläche von etwa 1000 m² enthält eine Algenart, die sich bei hohen Temperaturen extrem schnell vermehrt. Zu Beginn der Beobachtung am 1. Juli – dieser Tag fiel mit dem Beginn einer mehrwöchigen Hitzeperiode zusammen – hatten die Algen eine Fläche von 10 m² bedeckt. Man beobachtete, dass sich die Algen pro Woche um 40 % vermehrten.

a) *Welche Fläche bedeckten die Algen zum Monatsende am 31. Juli, 30 Tage nach Beobachtungsbeginn? (Ansatz: $A(t) = A_0 \cdot q^t$ mit Wachstumsfaktor q)*

____

____

____

b) *Nach welcher Zeit wäre bei konstanten Temperaturen der gesamte See mit Algen bedeckt?*

____

____

____

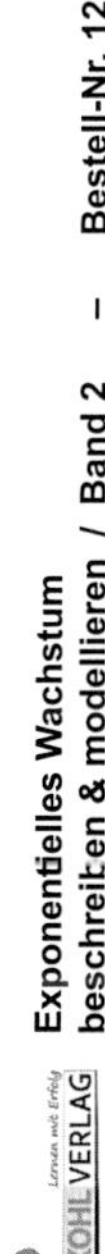

6.7 Übungs- und Anwendungsaufgaben (Blatt 4)

Aufgabe 6: *Eine Großdruckerei kauft eine Offsetdruckmaschine von 150 000 € Anschaffungswert.*
Nach Ende eines Geschäftsjahres wird bei der Berechnung des Buchwertes W_B der durch Nutzung und Alterung bedingten Wertminderung der Druckmaschine durch eine Abschreibung mit dem Abschreibungssatz von 30 % Rechnung getragen.

a) *Welchen Buchwert hat die Druckmaschine nach 1 bzw. 2 Geschäftsjahren?*

b) *Gib eine Funktion $W_B(t) = W_0 \cdot q^t$ mit Wachstumsfaktor q für den Wert der Maschine nach t Jahren an und notiere einen sinnvollen Definitionsbereich.*
Beachte, dass der Wachstumsfaktor q sich auf 1 anstatt auf 100 % bezieht.

c) *Veranschauliche den Graphen der Funktion im Koordinatensystem. Fertige dazu eine Wertetabelle an. Beachte den Definitionsbereich.*

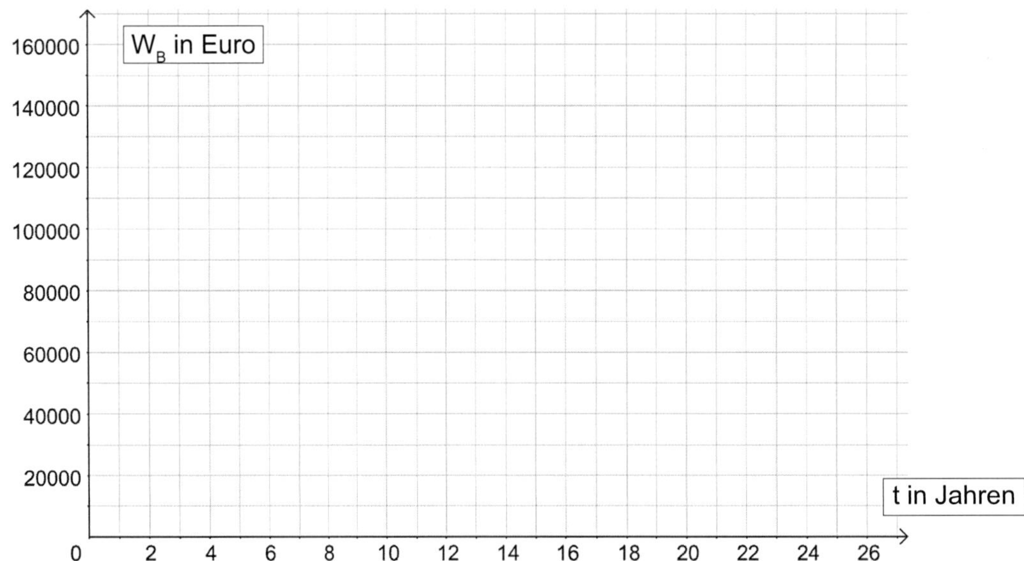

d) *Nach welcher Zeit hat die Druckmaschine noch den halben Wert? Ermittle das Ergebnis näherungsweise aus der Zeichnung sowie rechnerisch auf Tage genau.*

6 Exponentielles Wachstum und exponentieller Zerfall

6.7 Übungs- und Anwendungsaufgaben (Blatt 5)

EA

Aufgabe 7: *Im Jahr 2020 gab es auf der Erde etwa 7,756 Milliarden Menschen, 2021 waren es etwa 7,851 Milliarden.*

a) *Bestimme die prozentuale Wachstumsrate (auf 2 Nachkommastellen genau) für diesen Zeitraum.*

Prozentuale Wachstumsrate

Ein Bestand wachse von der Anzahl $N(t_1)$ zum Zeitpunkt t_1 auf den Bestand der Anzahl $N(t_2)$ zum Zeitpunkt t_2 an.

Für die prozentuale Wachstumsrate des Bestandes gilt dann:

$$p = \frac{N(t_2) - N(t_1)}{N(t_1)} \, 100\ \%$$

b) *Gib unter der Voraussetzung exponentiellen Wachstums bei konstanter Wachstumsrate in den folgenden t Jahren (t = 0 Jahre für 2020) die zutreffende Wachstumsfunktion $N(t) = N_0 \cdot q^t$ mit Wachstumsfaktor q an. Beachte, dass der Wachstumsfaktor q sich auf 1 anstatt auf 100 % bezieht.*

c) *Erstelle eine Prognose für die Anzahl der Weltbevölkerung im Jahr 2030 (2050) bei konstanter Wachstumsrate.*

d) *Welche Konsequenzen ergeben sich aus dem exponentiellen Anwachsen der Weltbevölkerung hinsichtlich der Tragfähigkeit unseres Planeten?*

Exponent elles Wachstum beschreiben & modellieren / Band 2 – Bestell-Nr. 12 929
KOHL VERLAG

6.7 Übungs- und Anwendungsaufgaben (Blatt 6)

Aufgabe 8: **Zurück zum Bierschaum**

Bierschaum zerfällt annähernd exponentiell. Seine Höhe lässt sich mit der Zerfallsfunktion

$$H(t) = H_0 \cdot e^{-k \cdot t}$$ *beschreiben.*

Dabei bedeuten H_0 die Höhe des Bierschaums unmittelbar nach dem Einschenken und H(t) die Bierschaumhöhe nach t Sekunden.
In einem Experiment wurde die Wachstumskonstante als k = 0,0029 bestimmt. Zu Beginn der Beobachtung hatte der Bierschaum eine Höhe von 100 mm.

a) *Berechne die Halbwertszeit des Bierschaumes.*

____

____

b) *Nach welcher Zeit ist nur noch ein Viertel des Bierschaumes vorhanden? Rechne im Kopf.*

____

c) *Welche Zeit vergeht, bis 90 Prozent des Bierschaumes zerfallen sind?*

____

____

Aufgabe 9: *Ein Nagel hat sich in einen Autoreifen gebohrt. Vor diesem Missgeschick betrug der Reifendruck 300 kPa (Kilopascal). Durch die nun ausströmende Luft fällt der Druck mit 2 kPa pro Minute exponentiell ab.*

a) *Gib die Gleichung einer Funktion $p(t) = p_0 \cdot q^t$ mit Wachstumsfaktor q an, welche den Reifendruck in Abhängigkeit von der Zeit t in Minuten beschreibt.*

____

____

> Konventionell wird der Reifendruck auch in ***bar*** angegeben.
> Es gilt:
> **1 bar = 100 kPa**

b) *Wie groß ist der Druck nach 20 Minuten?*

____

c) *Nach welcher Zeit ist der Reifendruck unter den kritischen Wert von 80 kPa (= 800 mbar) gesunken?*

____

____

____

7 Ausblick auf logistisches Wachstum (Blatt 1)

Rein exponentielles Wachstum findet bei realen natürlichen Prozessen nur in einem bestimmten, begrenzten Zeitraum statt, da sich reale Wachstumsprozesse infolge unzureichender, sich mit der Zeit verschlechternder Umgebungsbedingungen verlangsamen.
Die Bestandsgröße nähert sich einem ***Sättigungswert S***.
Diese realistische Zunahme eines Bestandes wird als ***logistisches Wachstum*** bezeichnet.

Während bei rein exponentiellen Prozessen die Wachstumsgeschwindigkeit (momentane Änderungsrate) proportional zum aktuellen Bestand N(t) ist, verhält sich die Wachstumsgeschwindigkeit bei logistischem Wachstum proportional zum Produkt aus aktuellem Bestand N(t) und aktuellem Sättigungsdefizit (S – N(t)). Dabei wird vorausgesetzt, dass gilt: $N(t) < S$ und folglich $(S - N(t)) > 0$. Der Faktor (S – N(t)) dämpft die Wachstumsgeschwindigkeit im zeitlichen Verlauf.

$N'(t) = k \cdot N(t)$	⇨	$N'(t) = k \cdot N(t) \cdot (S - N(t))$
exponentielle Wachstumsgleichung		**logistische Wachstumsgleichung**

Die hier nachfolgende, ohne Herleitung angegebene Lösung der logistischen Wachstumsgleichung – einer Differentialgleichung – ist die die ***logistische Wachstumsfunktion***.

$$N(t) = \frac{N_0 \cdot S}{N_0 + (S - N_0) \cdot e^{-S \cdot k \cdot t}}$$

$N_0 = N(0)$ = Anfangsbestand, $N_0 > 0$

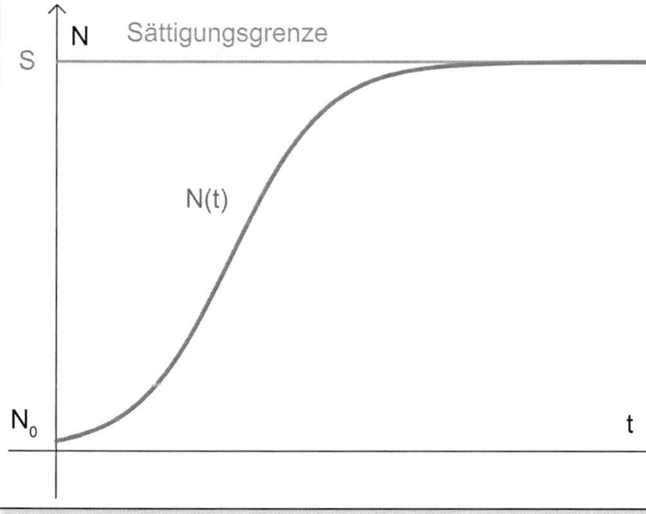

Aufgabe 1: *Begründe, dass sich die Ausbreitung der Infektionen mit dem Corona-Virus im gesamten Verlauf der Pandemie nicht durch eine Exponentialfunktion beschreiben lässt, sondern dass die Modellierung durch eine logistische Funktion realistischer ist.*

Exponent eines Wachstum beschreiben & modellieren / Band 2 – Bestell-Nr. 12 929
KOHL VERLAG

7 Ausblick auf logistisches Wachstum (Blatt 2)

Aufgabe 2: *Zeige, dass gilt:* $\lim\limits_{t \to \infty} \dfrac{N_0 \cdot S}{N_0 + (S - N_0) \cdot e^{-S \cdot k \cdot t}} = S.$

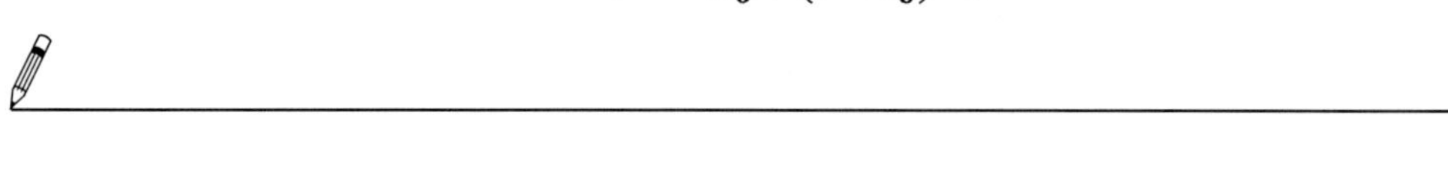

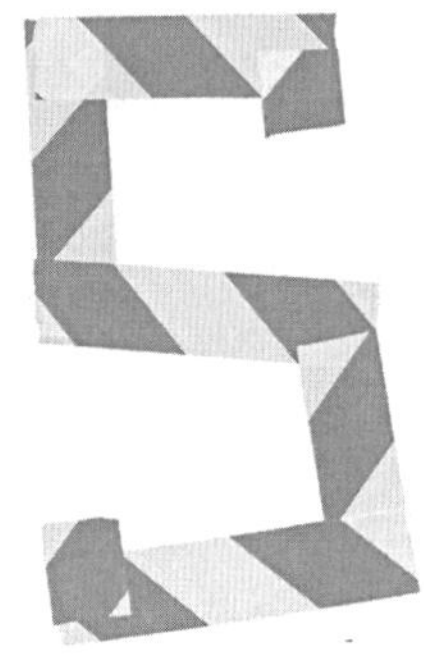

Aufgabe 3: *Eine Löwenzahnpflanze ist Anfang März 1 cm hoch. Eine Woche nach Beobachtungsbeginn hat der Löwenzahn eine Höhe von 1,5 cm erreicht.*

a) *Wie hoch wäre der Löwenzahn nach 5 bzw. 10 Wochen, wenn man exponentielles Wachstum voraussetzt? Schätze ein, ob diese Ergebnisse realistisch sind.*

b) *Der größte Löwenzahn an diesem Standort wurde mit knapp 20 cm Höhe entdeckt. Welchen Wert kann man für eine Höhe des Löwenzahns nach 5 bzw. 10 Wochen erwarten, wenn man logistisches Wachstum voraussetzt?*

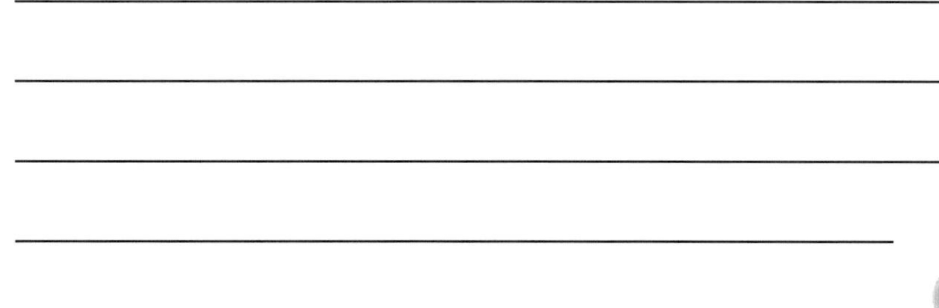

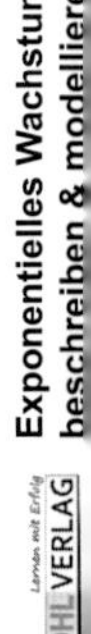

Exponentielles Wachstum beschreiben & modellieren / Band 2 – Bestell-Nr. 12 929

7 Ausblick auf logistisches Wachstum (Blatt 3)

Aufgabe 4: *Das Wachstum eines Baumes kann näherungsweise durch eine logistische Wachstumsfunktion beschrieben werden. Zu Beobachtungsbeginn ist der Baum 50 cm hoch. Nach 5 Jahren hat der Baum eine Höhe von 6 m erreicht. Unabhängig von seinem Alter überschreitet der Baum nicht die Höhe von 25 m.*

a) *Ermittle die logistische Wachstumsfunktion H(t) für die Höhe H des Baumes nach t Jahren.*

b) *Welche Höhe erreicht der Baum nach 25 Jahren?*

c) *Mache mittels Berechnung weiterer geeigneter Funktionswerte deutlich, dass sich S = 2500 cm auch rechnerisch als kleinste obere Schranke (Sättigungswert) ergibt.*

d) *Wodurch werden dem unbeschränkten exponentiellen Wachstum eines Baumes Grenzen gesetzt?*

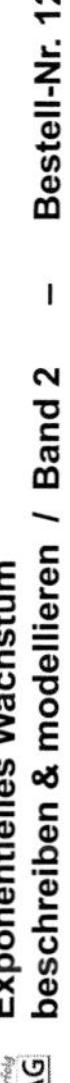

7 Ausblick auf logistisches Wachstum (Blatt 4)

Fortsetzung Aufgabe 4:

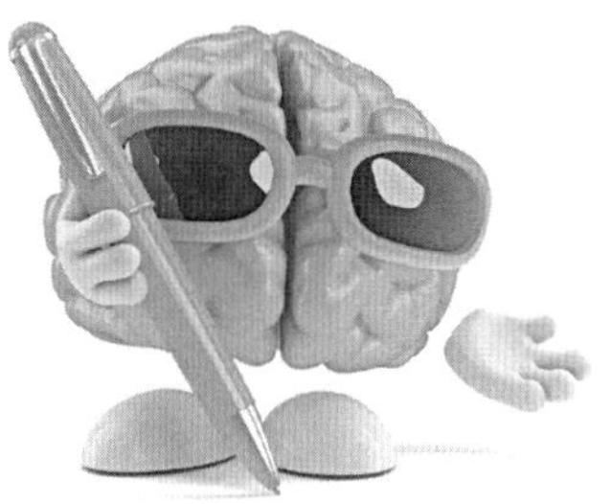

e) *Welche maximale Baumhöhe wurde bisher weltweit bekannt?*

____

____

____

f) *Skizziere den Graphen der Wachstumsfunktion in das Koordinatensystem.*
Markiere den Sättigungswert S als kleinste obere Schranke.
Ergänze dazu die Wertetabelle.

t in Jahren	0	5	10	15	20	25
Höhe in cm	50	600				

Funktionsgraph

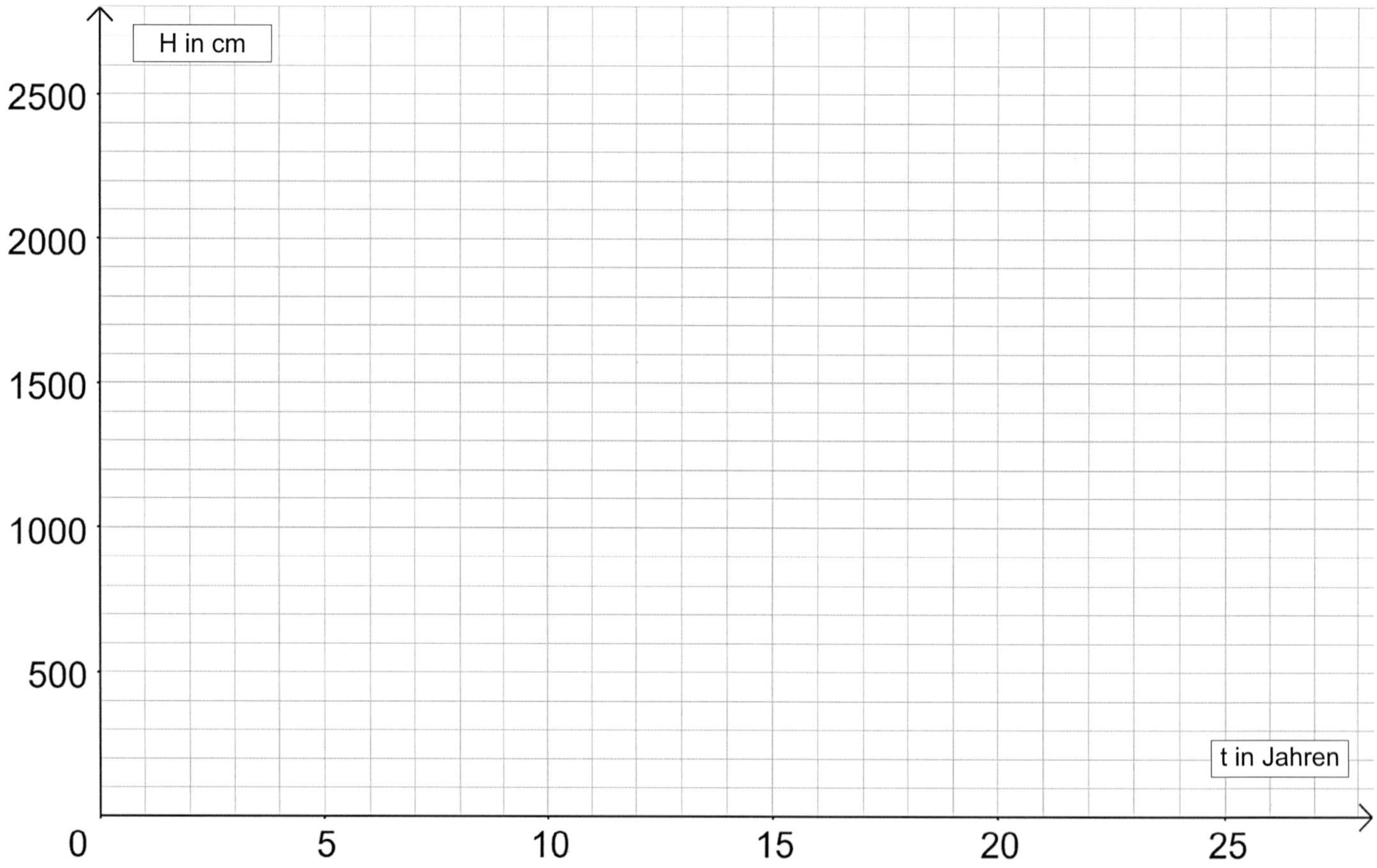

H in cm

2500

2000

1500

1000

500

0 5 10 15 20 25

t in Jahren

KOHL VERLAG Exponentielles Wachstum beschreiben & modellieren / Band 2 – Bestell-Nr. 12 929

8 Bezug zur Coronapandemie

8.1 Beschreibung der Pandemie mit mathematischen Kenngrößen (Blatt 1)

Wichtige Kenngrößen zur Beschreibung und Ausbreitung einer Pandemie

Inzidenz:

Unter der Inzidenz versteht man in der Medizin und Epidemiologie die relative Häufigkeit von neu auftretenden Erkrankungen innerhalb einer bestimmten Zeitspanne.
(*siehe Blatt 6*)

Exponentielles Wachstum:

Bei exponentiellem Wachstum vervielfacht sich die Bestandsgröße in gleichen Zeitabschnitten stets um den gleichen Faktor.

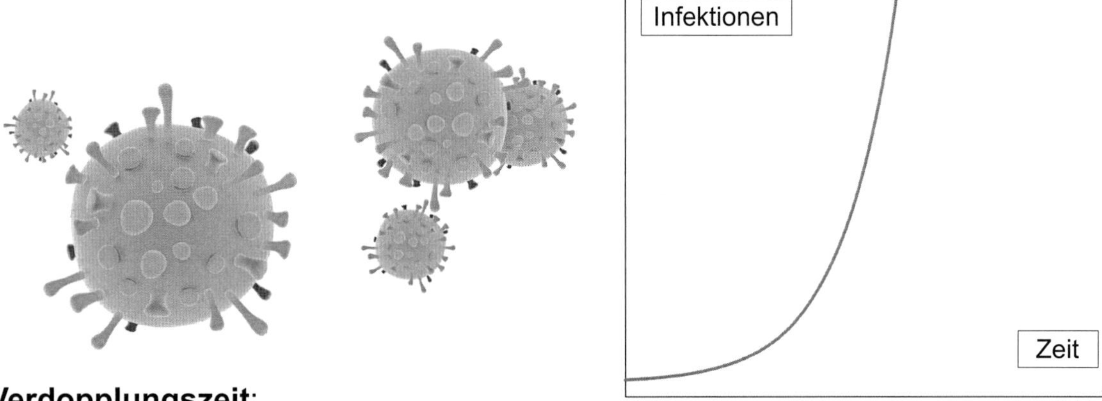

Verdopplungszeit:

Die Verdopplungszeit bezeichnet die Zeitspanne, in der sich eine exponentiell wachsende Größe verdoppelt.

Generationszeit:

Die *Generationszeit* ist ein Begriff, der die Zeit zwischen der Infektion einer Person und dem Zeitpunkt der Folgeinfektion einer von ihr angesteckten Person bezeichnet.

Reproduktionszahl:

- Der ***R-Wert*** – ausführlich ***Reproduktionszahl*** – ist eine epidemiologische Kennzahl, um das Ausbruchsgeschehen (Stärke, Geschwindigkeit) einer Krankheit zu beschreiben. Dabei wird zwischen der *Basisreproduktionszahl* R_0 und der *Nettoreproduktionszahl R* unterschieden.
- Die *Basisreproduktionszahl* R_0 gibt an, wie viele Menschen von einem infektiös Erkrankten durchschnittlich angesteckt werden, wenn kein Mitglied der Beobachtungsgruppe gegenüber dem Erreger immun (geimpft oder genesen) ist.
  Mit Hilfe der Basisreproduktionszahl R_0 kann man abschätzen, wie die Ausbreitung einer übertragbaren Krankheit zum Beginn einer Epidemie bzw. Pandemie verläuft. Aus $R_0 > 1$ folgt, dass sich die Infektionskrankheit ausbreitet, nicht aber bei $R_0 < 1$.
- Die *Nettoreproduktionszahl R* wird von der *Basisreproduktionszahl* R_0 abgeleitet und gibt an, wie viele Menschen ein Infizierter durchschnittlich ansteckt, wenn ein gewisser Teil der Bevölkerung immun ist oder bestimmte Maßnahme zur Eindämmung (wie Quarantänemaßnahmen, Kontaktbeschränkungen, Hygienevorschriften) getroffen wurden, die zur Eindämmung dienen sollen. Deshalb gewinnt die *Nettoreproduktionszahl* im Verlauf einer Ausbreitung immer größere Bedeutung.
  Das Ziel von Eindämmungsmaßnahmen ist es, die Nettoreproduktionszahl unter 1 zu drücken. Denn erst, wenn die *Nettoreproduktionszahl* kleiner als 1 ist, sinkt die Zahl der Infizierten und die Erkrankung verschwindet irgendwann gänzlich.

KOHL VERLAG Exponentielles Wachstum beschreiben & modellieren / Band 2 – Bestell-Nr. 12 929

8 Bezug zur Coronapandemie

8.1 Beschreibung der Pandemie mit mathematischen Kenngrößen (Blatt 2)

- Die Ermittlung der Reproduktionszahlen erfolgt durch unterschiedliche wissenschaftliche Einrichtungen – in Deutschland vorrangig durch das Robert-Koch-Institut (RKI).
- Ausgangspunkt sind die dem RKI aufgrund der Meldepflicht übermittelten Fälle von Neuerkrankungen pro Tag. Dabei handelt es sich um gemittelte Zahlen für ganz Deutschland, bei großen regionalen Unterschieden.
- Im Frühjahr 2020 wurde die Generationszeit – die Zeit zwischen der Infektion einer Person und dem Zeitpunkt der Folgeinfektion der angesteckten Person – vom RKI auf 4 Tage geschätzt.
- In einer Generationszeit ändert sich die Zahl der Neuinfektionen um den Netto-Reproduktions-Faktor – im Folgenden nur noch **Reproduktionsfaktor R** genannt. Anders ausgedrückt: R wird als Quotient der Neuinfektionen in zwei aufeinanderfolgenden Zeitabschnitten von jeweils 4 Tagen bestimmt. Da die Werte der letzten drei Tage noch nicht endgültig sind (Nachmeldungen, Korrekturen u. ä.), werden vom RKI diese drei letzten Tage für die R-Berechnung nicht verwendet. Einem Zeitpunkt wird daher ein R zugeordnet, das aus dem Verlauf der acht Tage ermittelt wurde, die vier bis elf Tage zurückliegen (Die Tage 1 bis 3 vor dem jeweiligen Tag bleiben also außer Betracht. Berechnet wird der Quotient aus der Summe der Zahlen der Tage 4 bis 7 vor dem aktuellen Tag durch die Summe der Zahlen der Tage 8 bis 11).

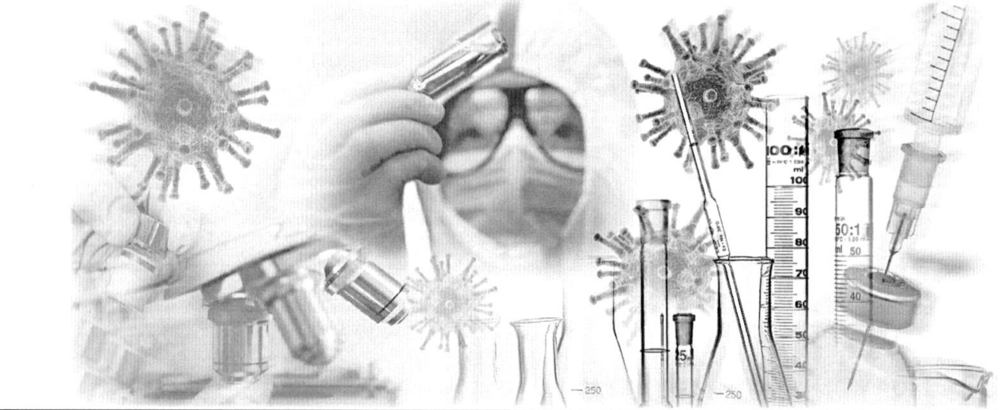

Aufgabe 1: Die Schätzung der Reproduktionszahl durch das RKI ergab für Anfang März 2020 Werte im Bereich von R = 3. Unter anderem durch die Einführung des bundesweit eingeführten Kontaktverbots sank die Anzahl der Neuinfektionen, sodass am 9. April der Wert von R bei 0,9 lag.

R-Wert entnommen aus: https://www.rki.de/DE/Content/Infekt/EpidBull/Archiv/2020/17/Art_02.html

a) *Wie viele Personen wurden Anfang März 2020 von durchschnittlich 100 (10; 50) an Covid-19 erkrankten Personen angesteckt?*

____

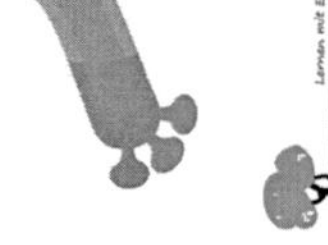

b) *Wie viele Personen wurden durchschnittlich kurz nach dem 9. April von 100 (10; 50) Personen mit dem Corona-Virus angesteckt?*

____

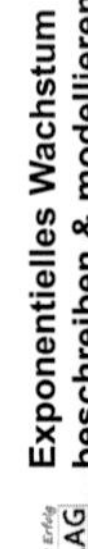

KOHL VERLAG Exponentielles Wachstum beschreiben & modellieren / Band 2 – Bestell-Nr. 12 929

8 Bezug zur Coronapandemie

8.1 Beschreibung der Pandemie mit mathematischen Kenngrößen (Blatt 3)

Wichtige Kenngrößen zur Beschreibung und Ausbreitung einer Pandemie (Fortsetzung)

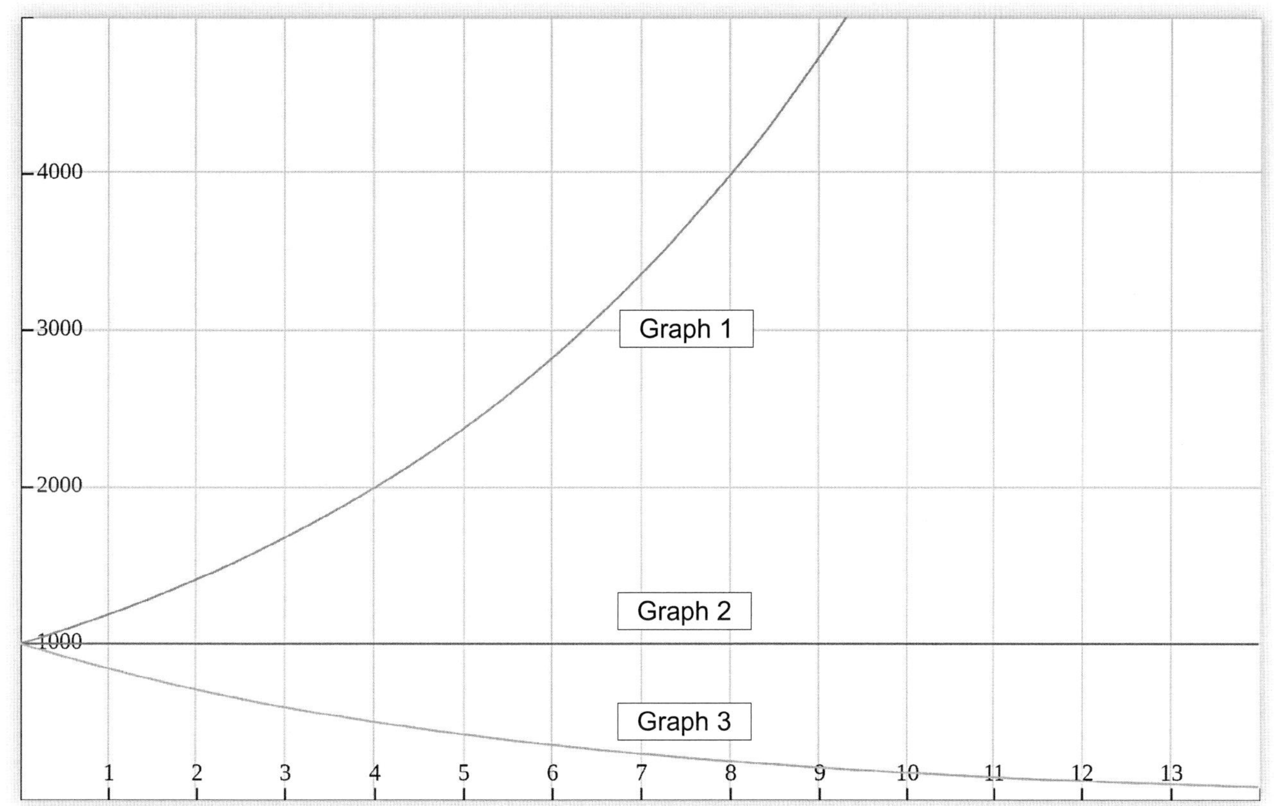

Schematische Darstellung der Anzahl von Infizierten einer Epidemie (Pandemie) in Abhängigkeit von der Zeit in Tagen
Graph 1: R = 2, Graph 2: R = 1, Graph 3: R = 0,5 und einer angenommenen Generationszeit von 4 Tagen

Aufgabe 2: *Welche Wachstumsform liegt bei einer Reproduktionszahl von R = 2 vor?*

____

Aufgabe 3: *Von welcher Anfangszahl von Infizierten geht man in dem Diagramm aus? Schreibe die Antwort als ein geordnetes Paar (Zeit; Anzahl der Infizierten).*

____

Aufgabe 4: *Bestimme die Verdopplungszeit für den epidemischen Verlauf aus dem Graph mit der Reproduktionszahl R = 2 im Diagramm oben. Wähle dazu ein passendes Zeitintervall und notiere die entsprechenden Werte für die Zeit in Tagen und die Anzahl der Infektionen.*

Anzahl der Infizierten	n_1 =	$n_2 = 2 \cdot n_1$ =
Zeit in Tagen	t_1 =	t_2 =

Antwort: ____

Exponentielles Wachstum beschreiben & modellieren / Band 2 – Bestell-Nr. 12 929
KOHL VERLAG

8 Bezug zur Coronapandemie

8.1 Beschreibung der Pandemie mit mathematischen Kenngrößen (Blatt 4)

Was bedeutet exponentielles Wachstum

Wenn die COVID-19-Fallzahlen exponentiell ansteigen, bedeutet das,dass sie sich immer innerhalb eines festen Zeitraums verdoppeln.
Dieser Zeitraum wird dann als die Verdopplungszeit des exponentiellen Anstiegs bezeichnet: Je kürzer es dauert, bis sich die Fallzahlen verdoppelt haben, desto rasanter ist der Anstieg an Fallzahlen. Gerade bei niedrigen Fallzahlen wird das exponentielle Wachstum leicht unterschätzt, weil es – bei einer niedrigen Ausgangsposition mit nur vergleichsweise wenigen Fällen – länger dauert, bis der steile Anstieg sichtbar wird. Ab diesem Zeitpunkt wird es aber immer schwieriger, den Anstieg der Fallzahlen zu bremsen. Das ist vergleichbar mit einem Wagen, der einen Berg hinunterrollt: Er rollt langsam los, wird dann aber immer schneller und schließlich unkontrollierbar.

Ein sehr vereinfachtes Rechenbeispiel: Angenommen, an einem bestimmten Tag Y liegt die 7-Tage-Inzidenz bei 5 und liegt 14 Tage später bei 10. Dann hätte sich die 7-Tage-Inzidenz innerhalb von 14 Tagen verdoppelt. Würden sich die Zahlen in dem Tempo weiterentwickeln – sich also alle 14 Tage verdoppeln – würde sie 6 Wochen nach Tag Y bei 40 und wiederum sechs Wochen später – also 12 Wochen nach Tag Y – bei 320 liegen.

Das exponentielle Wachstum verläuft bei Infektionskrankheiten jedoch in der Regel nicht so gleichmäßig. Es wird durch viele verschiedene Faktoren beeinflusst – allen voran inwieweit Maßnahmen eingehalten werden, wie sich die Impfquote entwickelt und durch das Auftreten neuer Varianten. Allgemein können durch das Einhalten von Maßnahmen (siehe „Warum sind bei SARS-CoV-2 weiterhin besondere Maßnahmen erforderlich?") und Erhöhung der Impfquote Ansteckungen verhindert und die Ausbreitung des Virus verlangsamt werden – die Verdopplungszeit verlängert sich. Umgekehrt kann sich die Verdopplungszeit noch mehr verkürzen und die Fallzahlen noch rasanter zunehmen, wenn Maßnahmen vernachlässigt werden.

Stand: 23.12.2021 https://www.rki.de/SharedDocs/FAQ/NCOV2019/gesamt.html

Aufgabe 5:

In einem Land werden zu Beginn des Ausbruchs einer Epidemie 1000 Infizierte registriert. Die Zahl der Infizierten verdoppelt sich ohne eindämmende Maßnahmen alle drei Tage. Welche Angaben treffen für die Ausbreitung der Epidemie zu? Kreuze an.

- ❒ A Nach 12 Tagen sind 4000 Menschen infiziert.
- ❒ B Nach 12 Tagen sind 12 000 Menschen infiziert.
- ❒ C Nach 12 Tagen sind 16 000 Menschen infiziert.
- ❒ D Die Zahl I(30) der Infizierten ist nach 30 Tagen auf 30 000 angewachsen.
- ❒ E Die Zahl I(30) der Infizierten beträgt nach 30 Tagen $1000 \cdot 2^{30}$
- ❒ F Die Zahl I(30) der Infizierten beträgt nach 30 Tagen $1000 \cdot 2^{30/3}$
- ❒ G Die Zahl I(t) der Infizierten beträgt nach t Tagen: $I(t) = 1000 \cdot \left(\sqrt[3]{2}\right)^t$

8 Bezug zur Coronapandemie

8.1 Beschreibung der Pandemie mit mathematischen Kenngrößen (Blatt 5)

Zur Ermittlung der Inzidenz
Ausgewählte Daten aus dem Archiv des RKI

Datum		Neuinfektionen im Vergleich zum Vortag	Inzidenz
22.05.2021		7082	67
23.05. 2021	R	6714	64
24.05.2021		2682	63
25.05.2021	K	1911	58
26.05.2021		2626	47
27.05.2021	I	6313	41
28.05.2021		7380	40
29.05.2021		5426	37
30.05.2021		3852	35
31.05.2021		1978	35
01.06.2021		1785	**35**

entnommen aus: https://www.rki.de/DE/Content/InfAZ/N/Neuartiges_Coronavirus/Situationsberichte/Archiv.html

Aufgabe 6: *Stelle wesentliche Informationen über die Geschichte und die Aufgaben des Robert-Koch-Institutes zusammen.*

KOHL VERLAG
Exponentielles Wachstum beschreiben & modellieren / Band 2 – Bestell-Nr. 12 929

8 Bezug zur Coronapandemie

8.1 Beschreibung der Pandemie mit mathematischen Kenngrößen (Blatt 6)

Zur Berechnung der Inzidenz

Unter der ***Sieben-Tage-Inzidenz*** versteht man die binnen sieben Tagen gemeldeten Neuinfektionen je 100 000 Einwohner.

Beispiel:

In einer Stadt mit 20 000 Einwohnern wurden Innerhalb von 7 Tagen 24 auf den Corona-Virus positiv getestete Personen gemeldet.

Rechnung: $\frac{x}{100\,000} = \frac{24}{20\,000} \qquad x = \frac{24 \cdot 100\,000}{20\,000}$

Die Sieben-Tage-Inzidenz beträgt 120.

Aufgabe 7: *Ermittle die deutschlandweite Sieben-Tage-Inzidenz für den 1. Juni 2021. Wähle zur Berechnung geeignete Werte aus der Tabelle auf Blatt 5 aus. Ermittle gegebenenfalls weitere benötigte Werte mit Hilfe eines Nachschlagewerks oder aus dem Internet.*

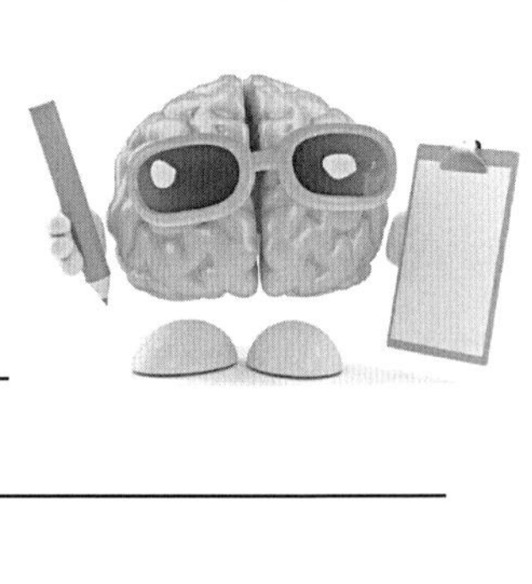

____

____

____

____

Aufgabe 8: *2022 hat sich innerhalb der ersten Januarwochen die Inzidenz in einer bestimmten Zeitspanne von 258,6 am 5. Januar 2022 auf knapp den doppelten Wert erhöht.*

a) *Suche diesen Wert in der Übersicht der Inzidenzwerte (Blatt 7) und ergänze Datum sowie Inzidenz in der nachfolgenden Tabelle. Gib die Verdopplungszeit für diesen Zeitraum näherungsweise an.*

b) *Hat sich die Verdopplungszeit in der zweiten Januarhälfte wesentlich geändert? Wähle geeignete Inzidenzwerte, um die Frage zu beantworten.*

1. Bis 16. Januar 2022			17. bis 31. Januar 2022		
Datum			Datum		
Inzidenz			Inzidenz		
Verdopplungszeit:			Verdopplungszeit:		

c) *Was kannst Du über die Dynamik der Pandemie im Februar 2022 im Vergleich zum Monat Januar 2022 feststellen? (siehe Blatt 8)*

____

8 Bezug zur Coronapandemie

8.1 Beschreibung der Pandemie mit mathematischen Kenngrößen (Blatt 7)

Übersicht über Neuinfektionen und Werte der Sieben-Tage-Inzidenz im Januar 2022

Datum	Neuinfektionen innerhalb von 24 Stunden	Inzidenz
1. Januar	26 392	220,3
2. Januar	12 515	222,7
3. Januar	18 518	232,4
4. Januar	30 561	239,9
5. Januar	58 912	258,6
6. Januar	64 340	285,9
7. Januar	56 335	303,4
8. Januar	55 889	335,9
9. Januar	36 552	362,7
10. Januar	25 255	375,7
11. Januar	45 690	387,9
12. Januar	80 430	407,5
13. Januar	81 417	427,7
14. Januar	92 223	470,6
15. Januar	78 022	497,1
16. Januar	52 504	515,7
17. Januar	34 145	528,2

Datum	Neuinfektionen innerhalb von 24 Stunden	Inzidenz
18. Januar	74 405	553,2
19. Januar	112 323	584,4
20. Januar	133 536	638,8
21. Januar	140 160	706,3
22. Januar	135 461	772,7
23. Januar	85 440	806,8
24. Januar	63 393	840,3
25. Januar	126 955	894,3
26. Januar	164 000	940,6
27. Januar	203 136	1017,4
28. Januar	190 148	1073
29. Januar	189 166	1127,7
30. Januar	118 970	1156,8
31. Januar	78 318	1176,8

Zahlen entnommen aus den täglichen Situationsberichten des RKI.

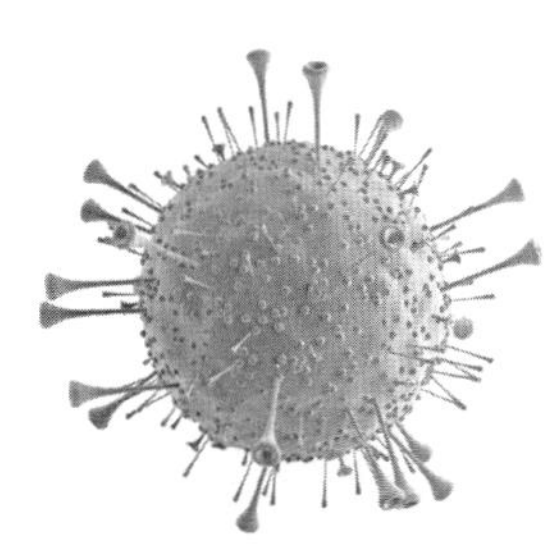
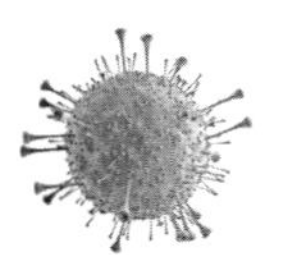
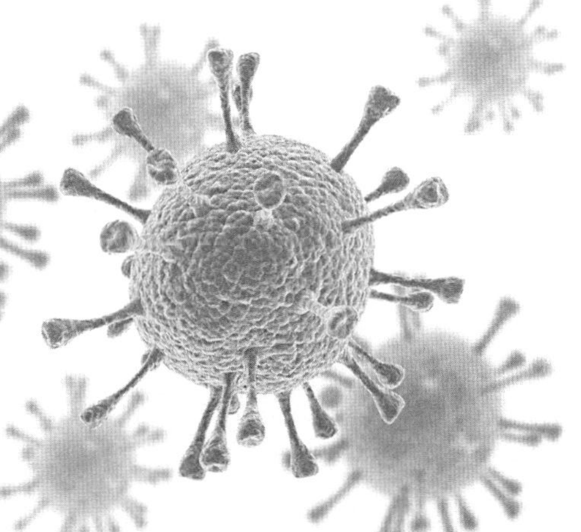

8 Bezug zur Coronapandemie

8.1 Beschreibung der Pandemie mit mathematischen Kenngrößen (Blatt 8)

Übersicht über Neuinfektionen und Werte der Sieben-Tage-Inzidenz im Februar 2022

Datum	Neuinfektionen innerhalb von 24 Stunden	Inzidenz
1. Februar	162 613	1206,2
2. Februar	208 498	1227,5
3. Februar	236 120	1283,2
4. Februar	248 838	1349,5
5. Februar	217 815	1388,0
6. Februar	133 173	?
7. Februar	95 267	?
8. Februar	169 571	1441,0
9. Februar	234 250	1450,8
10. Februar	247 862	1465,4
11. Februar	240 172	1472,2
12. Februar	209 789	1474,3
13. Februar	125 160	1466,5
14. Februar	76 465	1459,8
15. Februar	159 217	1437,5
16. Februar	219 972	1401,0
17. Februar	235 626	1385,1

Datum	Neuinfektionen innerhalb von 24 Stunden	Inzidenz
18. Februar	220 048	1371,7
19. Februar	189 105	1350,4
20. Februar	118 032	1346,3
21. Februar	73 867	1346,8
22. Februar	125 902	1306,8
23. Februar	209 052	1278,9
24. Februar	216 322	1265,0
25. Februar	210 743	1259,5
26. Februar	175 833	1253,3
27. Februar	107 913	1240,3
28. Februar	62 349	1238,2

Zahlen entnommen aus den täglichen Situationsberichten des RKI.

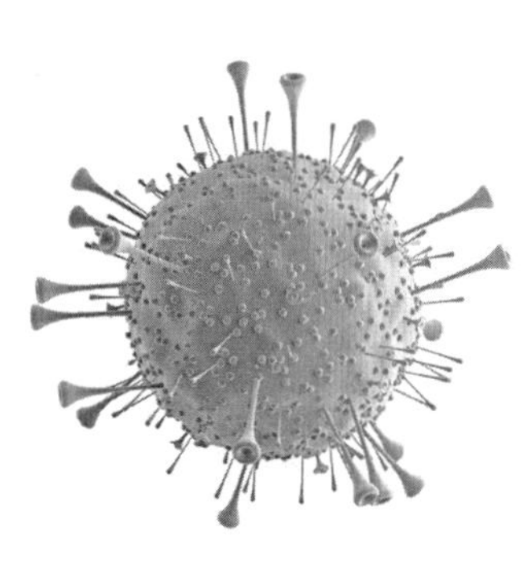

KOHL VERLAG
Exponentielles Wachstum beschreiben & modellieren / Band 2 – Bestell-Nr. 12 929

8 Bezug zur Coronapandemie

8.1 Beschreibung der Pandemie mit mathematischen Kenngrößen (Blatt 9)

EA **Aufgabe 9**: *Am 7. Februar 2022 werden in der Presse die tagesaktuellen Corona-Fallzahlen mit Rückblick auf den Vortag unter der Schlagzeile „Inzidenz steigt wieder massiv an“ veröffentlicht.*

Datum	Neuinfektionen innerhalb von 24 Stunden
6. Februar 2022	133 173
7. Februar 2022	95 267

a) *Kann die Sieben-Tage-Inzidenz steigen, wenn die Zahl der Neuinfektionen abnimmt? Handelt es sich bei der Pressemeldung möglicherweise um eine Fehlmeldung? Notiere deine Vermutung.*

b) *Berechne unter Nutzung der Daten auf Blatt 7 und 8 den Wert der Sieben-Tage-Inzidenz am 6. Februar und am 7. Februar. Notiere deine Berechnung.*

c) *Zu welcher Schlussfolgerung kommst du bezugnehmend auf die Frage, ob eine irrtümliche Pressemeldung vorliegt?*

8.2 Wachstum – Kreuz und quer durch die Pandemie (Blatt 1)

Aufgabe: *Schreibe die Antworten auf die Fragen (Blatt 2 und 3) in das Rätselfeld. Die Buchstaben in den markierten Feldern ergeben – passend geordnet – das Lösungswort.* Beachte: Ä = AE, Ö = OE

Tipp: Das Lösungswort nennt eine Krankheit, gegen welche Robert Koch ein Serum erfand.

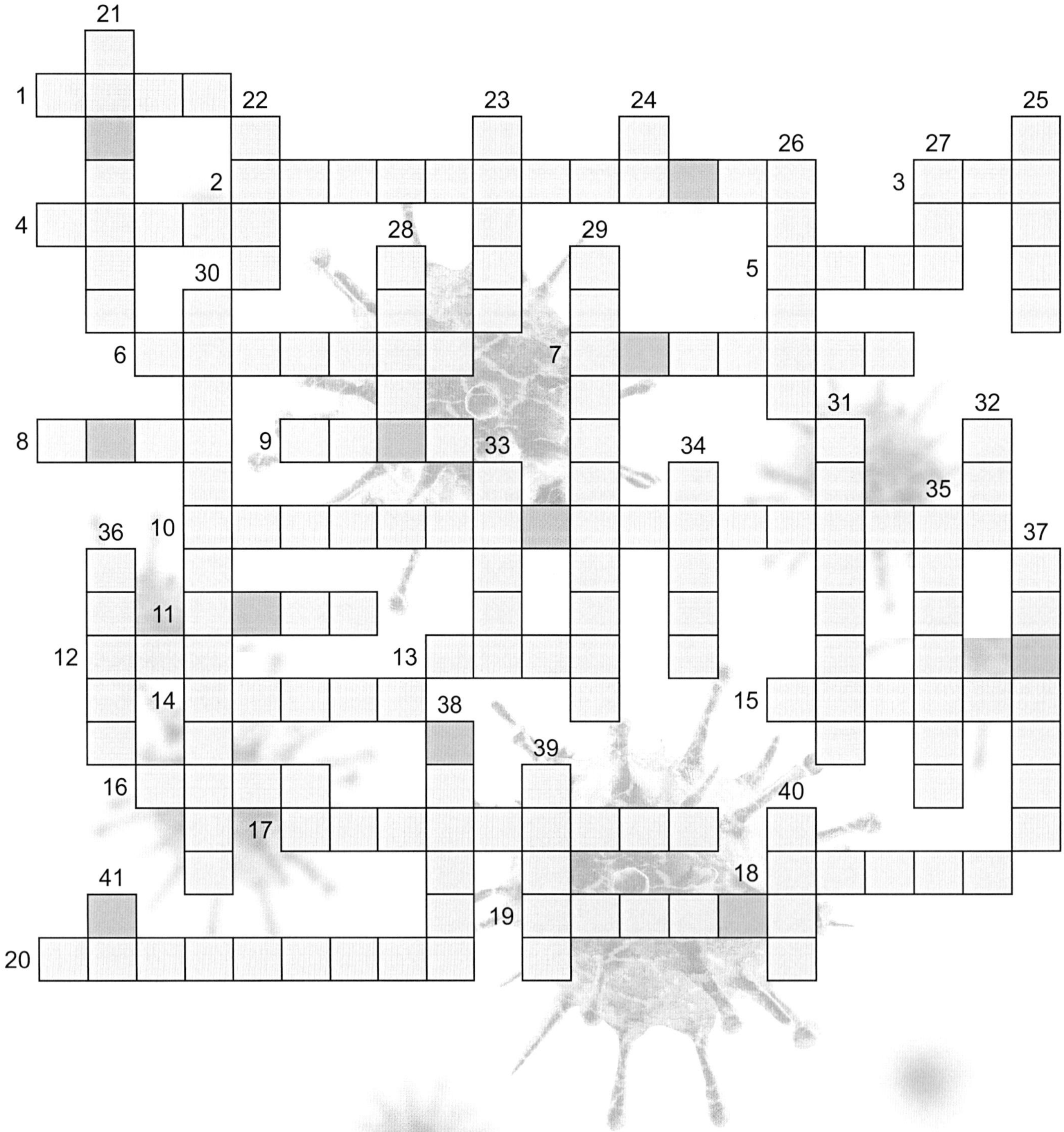

Lösungswort:

Exponentielles Wachstum beschreiben & modellieren / Band 2 – Bestell-Nr. 12 929
KOHL VERLAG

8.2 Wachstum – Kreuz und quer durch die Pandemie (Blatt 2)

– Fragen –

Waagerecht:

1 Robert Koch wirkte als Mikrobiologe, Epidemiologe und (...).

2 Wenn sich die Bestandsgröße in jeweils gleichen Zeitschritten immer um denselben Faktor vervielfacht, wächst diese (…).

3 Abkürzung für das Robert Koch-Institut

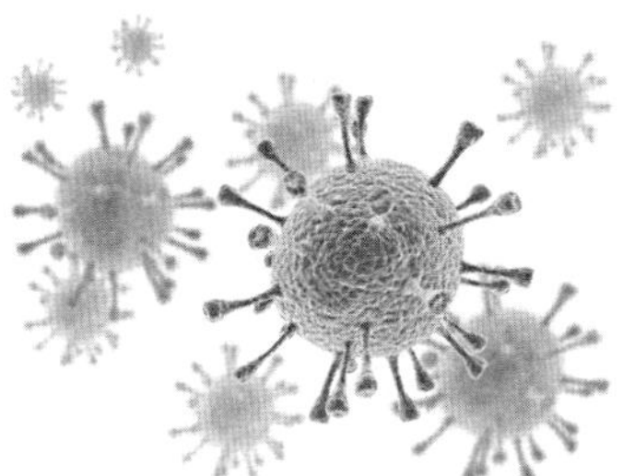

4 Name eines berühmten Steinzeitfundes

5 Einheitenvorsatz für den milliardsten Teil

6 Gegenteil von Wachstum

7 (…) halten schützt vor Ansteckung.

8 anderer Ausdruck in der Mathematik für „angenähert“

9 Abkürzung für „Schweres Akutes Respiratorisches Syndrom“

10 Diese Zahl beschreibt, wie viele Menschen eine infizierte Person im Mittel ansteckt.

11 umgangssprachlich/mathematisch scherzhaft: „schwere Aufgabe"

12 Abkürzung für „Logarithmus“

13 eine Zahl

14 Ergebnis einer Addition

15 Ansteckung mit einem Krankheitserreger

16 Der (…) zum Nachweis einer Impfung verschaffte Eintritt zu Veranstaltungen während der Pandemie

17 Die Eulersche Zahl e ist eine bedeutsame mathematische (…).

18 (…) sein bedeutet, gegen eine Krankheit unempfänglich zu sein.

19 wirksame präventive Maßnahme gegen eine COVID-19-Erkrankung

20 Eindringen von Krankheitserregern in den Organismus

Senkrecht:

21 Anteil

22 Die unabhängige Variable bei Wachstumsfunktionen ist die (…).

23 Ein anderes Wort für Impfstoff

24 griechischer Buchstabe, Kreiszahl

25 infektiöse organische Struktur, die sich nur innerhalb einer Wirtszelle vermehren kann

26 Wachstum ist (…), wenn sich die Bestandsgröße in gleichen Zeitabschnitten um den gleichen Summanden ändert.

27 griechischer Buchstabe, Symbol für die Dichte

28 bedeutender Schweizer Mathematiker (auch Physiker, Astronom, Geograph, Logiker) des 18. Jahrhunderts

29 Isolierung zur Kontaktreduzierung als Infektionsschutzmaßnahme

30 Die (…) ist ein bedeutsames Maß zur Beschreibung von Wachstumsprozessen.

31 in der medizinischen Statistik und Epidemiologie verwendetes Maß für die relative Häufigkeit des Auftretens einer neuen Erkrankung

32 mathematisches Operationszeichen

8 Bezug zur Coronapandemie

8.2 Wachstum – Kreuz und quer durch die Pandemie (Blatt 3)

– Fragen –

Fortsetzung senkrecht:

33 Das Virus SARS-CoV-2 befällt vorrangig die (…).

34 Kurzbezeichnung für *„coronavirus disease“*

35 Gesamtheit der Maßnahmen zur Erhaltung und Verbesserung der Gesundheit sowie zur Vermeidung und Bekämpfung von Infektionskrankheiten

36 griechischer Buchstabe, häufig zur Benennung von Winkeln benutzt

37 charakteristische Eigenschaft eines Funktionsgraphen an einer Stelle x_0

38 Eine wichtige Maßnahme zum Vermeiden von Ansteckungen mit dem Corona-Virus ist das (…).

39 Grundzahl einer Potenz

40 chemisches Element, fördert die Immunkraft

41 Abkürzung für den *Logarithmus zur Basis e*

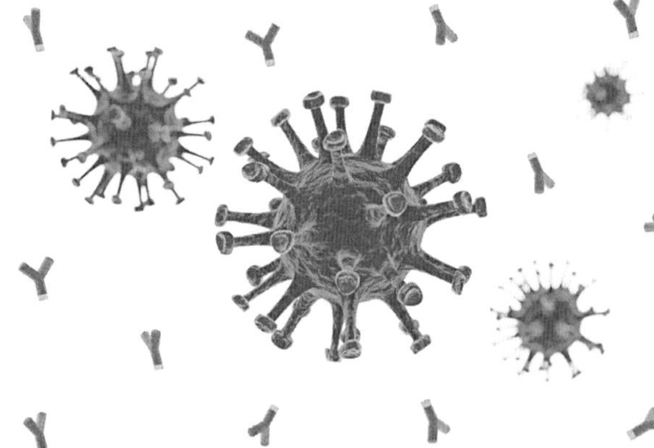

Wissenswertes

Robert Koch

Heinrich Hermann Robert Koch (* 11. Dezember 1843 in Clausthal; † 27. Mai 1910 in Baden-Baden) war ein deutscher Mediziner, Mikrobiologe und Hygieniker sowie einer der erfolgreichsten Arzneimittelforscher des 19. Jahrhunderts.

Robert Koch gelang es 1876, den Erreger des Milzbrands außerhalb des Organismus zu kultivieren und dessen Lebenszyklus zu beschreiben. Dadurch wurde zum ersten Mal lückenlos die Rolle eines Krankheitserregers beim Entstehen einer Krankheit beschrieben.

1882 entdeckte er den Erreger der Tuberkulose (Mycobacterium tuberculosis) und entwickelte später das vermeintliche Heilmittel Tuberkulin. Im Jahr 1883 beschrieb er den kommaförmigen Cholera-Erreger als „Kommabazillus“. 1905 erhielt er den Nobelpreis für Physiologie oder Medizin. Robert Koch ist damit – neben seinem Kollegen Louis Pasteur in Paris – zum Begründer der modernen Bakteriologie und Mikrobiologie sowie der Immunologie und Allergologie geworden und war auch auf dem Gebiet der Virologie erfolgreich. Er hat grundlegende Beiträge zur Infektionslehre sowie zum Aufbau der Tropenmedizin in Deutschland geleistet.

Entnommen aus: https://de.wikipedia.org/wiki/Robert_Koch

Lösungen

1 Wachstum in Natur und Gesellschaft – Einführung

Aufgabe 1: Individuelle Antworten, zum Beispiel:
Physik/Technik: Längenzunahme einer Stahlschiene bei Erwärmung, lineares Wachstum
Biologie: Vermehrung von Bakterien in einer Nährlösung, exponentielles Wachstum
Finanzwesen: Anwachsen von Kapital bei Verzinsung mit Zinseszins, exponentielles Wachstum

Aufgabe 2:

- ständiges Wachstum mit veränderlicher Wachstumsrate
- bis etwa 1965 Bevölkerungsexplosion (superexponentielles Wachstum)
- 1950: Weltbevölkerung 2,48 Milliarden, Wachstumsrate 1,7 %
- 1965: Weltbevölkerung 3,3 Milliarden, Wachstumsrate 2 %
- 2000: Weltbevölkerung 6,11 Milliarden, Wachstumsrate 1,3 %
- 2010: Weltbevölkerung 6,94 Milliarden, annähernd konstante Wachstumsrate 1,2 %
- 2020: Weltbevölkerung 7,8 Milliarden, Wachstumsrate etwa 0,9 %

Daten entnommen: https://de.wikipedia.org/wiki/Bev%C3%B6lkerungsentwicklung

2 Wachstumsformen im Diagramm (Blatt 1 und Blatt 2)

Aufgabe: So ist es richtig:

1	2	3	4	5	6	7	8	9	10
H	**F**	**G**	**A**	**I**	**J**	**E**	**B**	**D**	**C**

3 Mathematische Definition der Begriffe Wachstum und Zerfall

Aufgabe 1: Beispiel:
Ein Anfangskapital von 1000 € wird auf einem Sparkonto angelegt und mit 2,5 % mit Zinseszins verzinst.
Anfangswert: Anlagekapital $K_0 = K(0) = 1000$ €
Wachstumsrate 0,025
Wachstumsfunktion $K(t) = 1000 € \cdot 1{,}025^t$ Kapital nach t Jahren
Verdopplungszeit
Ansatz: $2 \cdot 1000 € = 1000 € \cdot 1{,}025^t \rightarrow 2 = 1{,}025^t \rightarrow t = \log_{1{,}025} 2 \approx 28{,}071$
Nach 28,072 Jahren ist das Kapital auf etwas mehr als das Doppelte angewachsen.

Aufgabe 2: Halbwertszeit:
Die Halbwertszeit ist eine charakteristische Größe zur Beschreibung der Eigenschaften radioaktiver Elemente, wie zum Beispiel Uran und Radium, und gibt an, nach welcher Zeit die Hälfte der vorhandenen Atome unter Abgabe von radioaktiver Strahlung zerfallen sind. Anwendungen findet man beispielsweise bei der radioaktiven Bestrahlung in der Krebstherapie und zur Altersbestimmung fossiler Funde.
Verdopplungszeit:
In einer Pandemie ist die Verdopplungszeit – die Zeitdauer, in welcher sich die Zahl der Infizierten verdoppelt – ein Maß zur Einschätzung der Dynamik der Pandemie.

Lösungen

4 Lineares Wachstum und lineare Abnahme

4.1 Allgemeine mathematische Grundlagen

Aufgabe:

P1 ϵ f und P2 ϵ f	Aussage	wahr	falsch
$P_1(2; -2)$ und $P_2(-1; 4)$	m negativ	X	
	$P_3(1; 0)$ ϵ f	X	
$P_1(-3; -3)$ und $P_2(6; 3)$	f ist monoton fallend		X
	n = – 1	X	
$P_1(-1; 4)$ und $P_2(-2; 5)$	$m = -\frac{1}{3}$		X
	f ist monoton fallend	X	

4.2 Einführungsbeispiel (Blatt 2)

Aufgabe 2: Diese Überlegung, das Dreifache vom Füllstand nach 15 Minuten zu bilden, ist falsch, da wegen des anfänglichen Füllstandes von 120 Litern keine direkte Proportionalität vorliegt. Nach 45 Minuten ist der Gartenteich mit 480 Liter Wasser gefüllt.

Rechnung: $V_A(45 \text{ min}) = 120 \text{ l} + 8 \frac{\text{l}}{\text{min}} \cdot 45 \text{ min} = 480 \text{ l}$

Aufgabe 3:

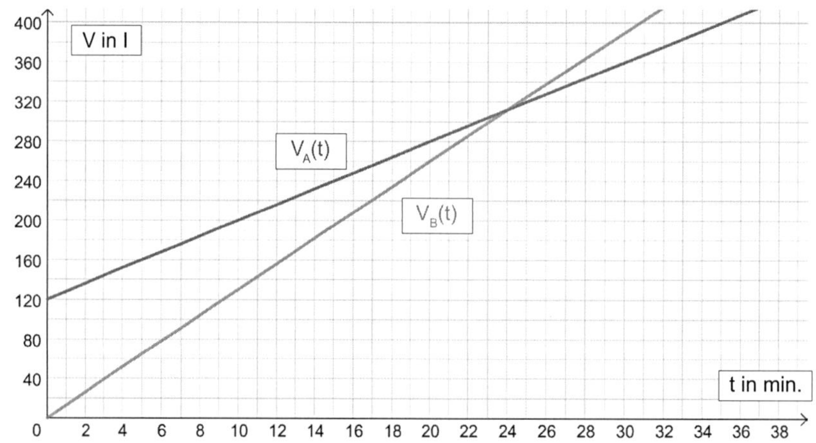

4.3 Übungsaufgaben (Blatt 1)

Aufgabe 1:

a) 10,375 m³ = 10375 l 80 % von 10 375 l = 8300 l

Saugleistung pro 15 min = 6000 l : 4 = 1500 l

Zeitdauer t zum Abpumpen in min	0	15	30	45	60	75	90
Volumen Restwasser im Pool in l	8300	6800	5300	3800	2300	800	(– 700)

Ein Restvolumen von – 700 l ist praktisch nicht möglich.

b) Änderungsrate: $100 \frac{\text{l}}{\text{min}}$

c) $V(t) = 8300 \text{ l} - 100 \frac{\text{l}}{\text{min}} \cdot t$

d) $0 \text{ l} = 8300 \text{ l} - 100 \frac{\text{l}}{\text{min}} \cdot t \quad \rightarrow \quad t = 83 \text{ min}$

Nach 1 Stunde und 23 Minuten ist der Pool leer.

e) Definitionsbereich: $t \in R$ und $0 \text{ min} \leq t \leq 83 \text{ min}$

KOHL VERLAG Exponentielles Wachstum beschreiben & modellieren / Band 2 – Bestell-Nr. 12 929

Lösungen

4 Lineares Wachstum und lineare Abnahme

4.3 Übungsaufgaben (Blatt 1)

Aufgabe 1: **e)**

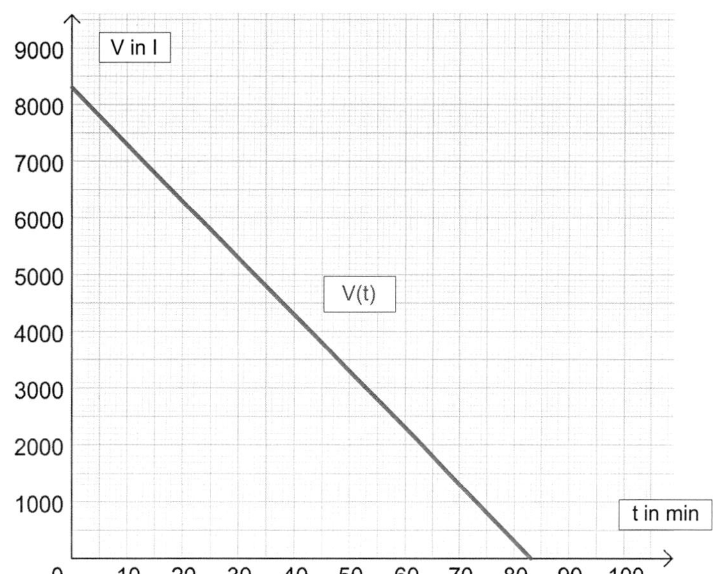

4.3 Übungsaufgaben (Blatt 2)

Aufgabe 2:

a) Wachstumsrate der Sorte A:

$\frac{115-10}{42} = 2{,}5 \qquad k = 2{,}5\,\frac{\text{cm}}{\text{d}}$

Wachstumsrate der Sorte B:

$\frac{127-15}{56} = 2 \qquad k = 2\,\frac{\text{cm}}{\text{d}}$

b) Wachstumsfunktion Sorte A

$h_A(t) = 10\text{ cm} + 2{,}5\,\frac{\text{cm}}{\text{d}} \cdot t$ Definitionsbereich: $0\text{ d} \leq t \leq 60\text{ d}$

Wachstumsfunktion Sorte B

$h_B(t) = 15\text{ cm} + 2\,\frac{\text{cm}}{\text{d}} \cdot t$ Definitionsbereich: $0\text{ d} \leq t \leq 60\text{ d}$

c) Ansatz: $h_A(t) = h_B(t)$

$10\text{ cm} + 2{,}5\,\frac{\text{cm}}{\text{d}} \cdot t = 15\text{ cm} + 2\,\frac{\text{cm}}{\text{d}} \cdot t$

$(2{,}5\,\frac{\text{cm}}{\text{d}} - 2\,\frac{\text{cm}}{\text{d}}) \cdot t = 15\text{ cm} - 10\text{ cm}$

$t = 10\text{ d}$

10 Tage nach Messbeginn haben die Sonnenblumen in Müllers und in Meyers Garten die gleiche Höhe. (Die Höhe beträgt bei beiden Sorten 35 cm.)

d) Sorte A

$hA(60\text{ d}) = 10\text{ cm} + 2{,}5\,\frac{\text{cm}}{\text{d}} \cdot 60\text{ d} = 160\text{ cm}$

Sorte B

$hB(60\text{ d}) = 15\text{ cm} + 2\,\frac{\text{cm}}{\text{d}} \cdot 60\text{ d} = 135\text{ cm}$

Zwei Monate (60 Tage) nach Messbeginn haben die Sonnenblumen der Sorte A in Müllers Garten eine größere Höhe erreicht.

4.3 Übungsaufgaben (Blatt 3)

Aufgabe 3:

a) Als Messbeginn (t = 0) legen wir den Zeitpunkt von Jans Start fest.

Wachstumsfunktion für Tinas Weg: $s_T(t) = 16\,\frac{\text{km}}{\text{h}} \cdot \frac{1}{4}\text{ h} + 16\,\frac{\text{km}}{\text{h}} \cdot t = 4\text{ km} + 16\,\frac{\text{km}}{\text{h}} \cdot t$

Wachstumsfunktion für Jans Weg: $s_J(t) = 21\,\frac{\text{km}}{\text{h}} \cdot t$

Ansatz zur Berechnung der Zeit t bis zum Einholen: $s_T(t) = s_J(t)$

Exponentielles Wachstum beschreiben & modellieren / Band 2 – Bestell-Nr. 12 929
KOHL VERLAG

Lösungen

4 Lineares Wachstum und lineare Abnahme

4.3 Übungsaufgaben (Blatt 3)

Aufgabe 3:

a) $16\,\frac{\text{km}}{\text{h}} \cdot t + 4\text{ km} = 21\,\frac{\text{km}}{\text{h}} \cdot t$

$5\,\frac{\text{km}}{\text{h}} \cdot t = 4\text{ km}$

$t = \frac{4}{5}\text{ h} = 60 : 5 \cdot 4\text{ min} = 48\text{ min}$

Jan hat Tina nach 48 Minuten Fahrzeit eingeholt.

Welchen Weg hat Jan in dieser Zeit zurückgelegt?

$s_J(t) = 21\,\frac{\text{km}}{\text{h}} \cdot \frac{4}{5}\text{ h} = \text{km} = 16{,}8\text{ km} \quad 25 - 16{,}8 = 8{,}2$

Jan und Tina fahren gemeinsam noch 8,2 Kilometer „Rad an Rad“ bis zum Zielort Zingst.

b)

t in h(Messbeginn: Jans Start)		0	0,2	0,4	0,6	0,8	1	1,2	1,4
Tina	s_{Tina} **in km**	4	7,2	10,4	13,6	16,8	20	23,2	(26,4)*
Jan	s_{Jan} **in km**	0	4,2	8,4	12,6	16,8	20	23,2	(26,4)*

Der Messbeginn (t = 0) ist die Zeit von Jans Start.

Jan und Tina fahren gemeinsam weiter.

* Nach 1,4 Stunden wären Jan und Tina schon über die Zielmarke (25 km) hinausgefahren.

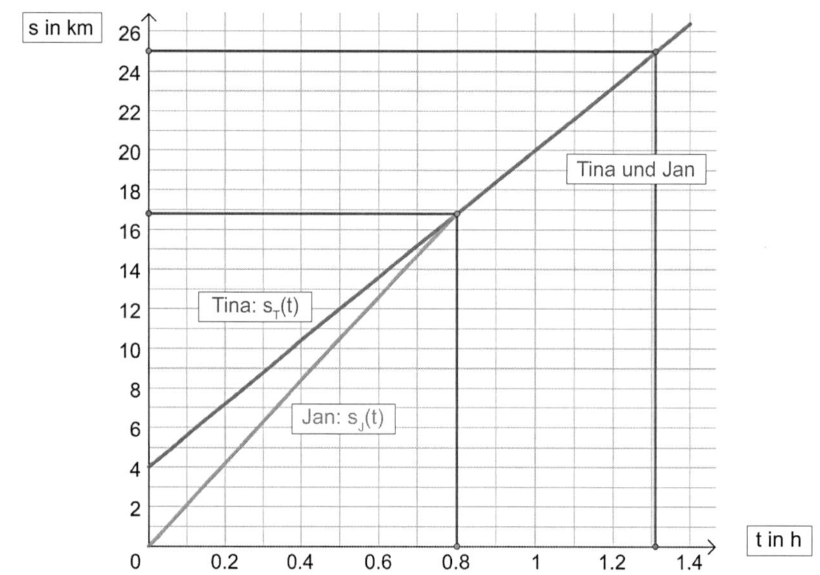

4.3 Übungsaufgaben (Blatt 5)

Aufgabe 4:

a) Wachstumsfunktion der roten, dickeren Kerze A: $h_A(t) = 20\text{ cm} - 2\,\frac{\text{cm}}{\text{h}} \cdot t$

Wachstumsfunktion der blauen, dünneren Kerze B: $h_B(t) = 28\text{ cm} - 3{,}5\,\frac{\text{cm}}{\text{h}} \cdot t$

b) rechnerische Lösung

Ansatz: $h_A(t) = h_B(t)$

$$20\text{ cm} - 2\,\frac{\text{cm}}{\text{h}} \cdot t = 28\text{ cm} - 3{,}5\,\frac{\text{cm}}{\text{h}} \cdot t$$

$$1{,}5\,\frac{\text{cm}}{\text{h}} \cdot t = 8\text{ cm}$$

$$t = \frac{16}{3}\text{ h}$$

Nach 5 Stunden und 20 Minuten Brenndauer haben beide Kerzen die gleiche Länge.

KOHL VERLAG Exponentielles Wachstum beschreiben & modellieren / Band 2 – Bestell-Nr. 12 929

Lösungen

4 Lineares Wachstum und lineare Abnahme

4.3 Übungsaufgaben (Blatt 5)

Aufgabe 4: **c)** zeichnerische Lösung

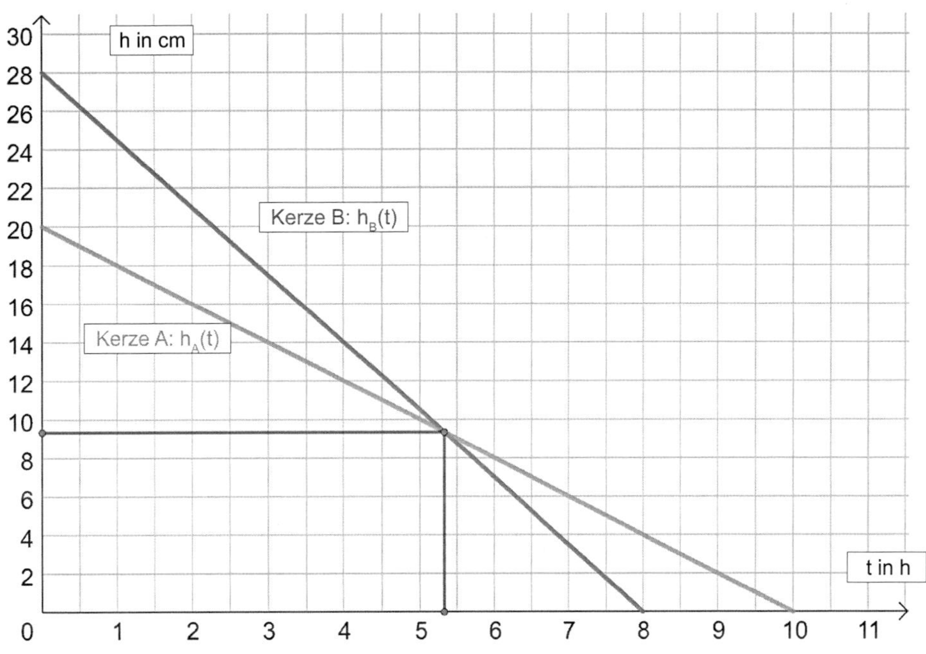

Aus der Zeichnung folgt die Lösung:
Die Kerzen haben etwa nach 5,3 Stunden die gleiche Länge.

5 Potenzielles Wachstum und potenzielle Abnahme

5.1 Allgemeine mathematische Grundlagen (Blatt 3)

Aufgabe 1: **a)** Durchschnittliche Änderungsrate (Sekantensteigung) über dem Intervall [1; 3]:

$m_{Sek} = \frac{\Delta y}{\Delta x} = \frac{9-1}{3-1} = 4$

Durchschnittliche Änderungsrate (Sekantensteigung) über dem Intervall [1; 2]:

$m_{Sek} = \frac{\Delta y}{\Delta x} = \frac{4-1}{2-1} = 3$

b) Je kleiner das Intervall $[x_0; x]$ ist, desto besser nähert sich die durchschnittliche Änderungsrate der Funktion über diesem Intervall der momentanen Änderungsrate (Tangentensteigung) der Funktion an der Stelle x_0, welche 2 beträgt, an.

c)* Für Schüler ab Klasse 11:
Die durchschnittliche Änderungsrate über einem Intervall $[x_0; x]$ geht durch Grenzwertbildung des Differenzenquotienten $\frac{\Delta y}{\Delta x}$ mit $\Delta x = (x - x_0) \to 0$ in die momentane Änderungsrate an der Stelle x_0 über und entspricht der Tangentensteigung an den Funktionsgraphen an der Stelle x_0.

Es gilt: $m_{Tan} = \lim\limits_{\Delta x \to 0} \frac{\Delta y}{\Delta x} = \lim\limits_{x \to x_0} \frac{f(x) - f(x_0)}{x - x_0}$.

Momentane Änderungsrate (Tangentensteigung) der Funktion $f(x) = x^2$ an der Stelle $x_0 = 1$:

$m_{Tan} = \lim\limits_{x \to 1} \frac{f(x) - f(1)}{x - 1} = \lim\limits_{x \to 1} \frac{x^2 - 1^2}{x - 1} = \lim\limits_{x \to 1} \frac{(x+1) \cdot (x-1)}{x - 1} = \lim\limits_{x \to 1} (x + 1) = 2$,

was zu zeigen war.

KOHL VERLAG Exponentielles Wachstum beschreiben & modellieren / Band 2 – Bestell-Nr. 12 929

Lösungen

5 5.1 Allgemeine mathematische Grundlagen (Blatt 3)

Aufgabe 2:

a) über dem Intervall [1; 2]:

$m_{Sek} = \frac{\Delta y}{\Delta x} = \frac{4-1}{2-1} = 3$

b) über dem Intervall [3; 4]:

$m_{Sek} = \frac{\Delta y}{\Delta x} = \frac{16-9}{4-3} = 7$

c) Die durchschnittliche Änderungsrate nimmt bei der Funktion $f(x) = x^2$ über verschiedenen gleich langen Intervallen unterschiedliche Werte an.

5.1 Allgemeine mathematische Grundlagen (Blatt 4)

Aufgabe 3:

a)

Funktion	Scheitelpunkt $S(x_S; y_S)$	y_S ist ein Maximum von f(x)	y_S ist ein Minimum von f(x)
$f(x) = (x+1)^2 - 3$	S(– 1; – 3)		**x**
$f(x) = -x^2 + 4x\quad 5$	S(2; – 1)	**x**	
$f(x) = -2 \cdot (x+3)^2 + 1$	S(– 3; 1)	**x**	
$f(x) = 2x^2 + 12x + 19$	S(– 3; 1)		**x**

b) $f(x) = (x+1)^2 - 3$
Die Abszisse x_S des Scheitels ist – 1. Der Scheitelpunkt zeigt das Minimum von f an. Folglich ist die Funktion im Bereich $-1 < x$ monoton wachsend.

$f(x) = -x^2 + 4x - 5$
Die Abszisse x_s des Scheitels ist 2. Der Scheitelpunkt zeigt das Maximum von f an. Folglich ist die Funktion im Bereich $x < 2$ monoton wachsend.

$f(x) = -2 \cdot (x+3)^2 + 1$
Die Abszisse x_S des Scheitels ist – 3. Der Scheitelpunkt zeigt das Maximum von f an. Folglich ist die Funktion im Bereich $x < -3$ monoton wachsend.

$f(x) = 2x^2 + 12x + 19$
Die Abszisse x_S des Scheitels ist – 3. Der Scheitelpunkt zeigt das Minimum von f an. Folglich ist die Funktion im Bereich $x > -3$ monoton wachsend.

$f(x) = -2x + 3$
Es handelt sich um eine lineare Funktion mit negativer Steigung. Daraus folgt, dass die Funktion in keinem Abschnitt ihres Definitionsbereiches monoton wachsend ist.

5.2 Einführungsbeispiel (Blatt 2)

Aufgabe:

$f(x) = a \cdot x^2 + bx + c$ | a aus den ersten beiden Summanden ausklammern

$f(x) = a \cdot (x^2 + \frac{b}{a} \cdot x) + c$ | den zweiten Summanden in der Klammer mit 2 erweitern, um die Struktur der binomischen Formel herzustellen

$f(x) = a \cdot (x^2 + 2 \cdot \frac{b}{2a}\, x) + c$ | in der Klammer den Summanden $\left(\frac{b}{2a}\right)^2$ ergänzen und außerhalb der Klammer $a \cdot \left(\frac{b}{2a}\right)^2$ wieder subtrahieren

$f(x) = a \cdot \left(x^2 + 2 \cdot \frac{b}{2a}\, x + \left(\frac{b}{2a}\right)^2\right) - a \cdot \left(\frac{b}{2a}\right)^2 + c$ | Term in der Klammer mittels binomischer Formel als Quadrat darstellen

$f(x) = a \cdot \left(x + \frac{b}{2a}\right)^2 + c - a \cdot \left(\frac{b}{2a}\right)^2$ | Umformen

$f(x) = a \cdot \left(x + \frac{b}{2a}\right)^2 + c - \frac{b^2}{4a}$

Daraus folgt: $x_S = -\frac{b}{2a}$ und $y_S = c - \frac{b^2}{4a} = \frac{4ac - b^2}{4a}$

Ein Vergleich mit der Formel [*] auf Blatt 1 zeigt Übereinstimmung.

Lösungen

5

5.3 Übungsaufgaben (Blatt 1)

Aufgabe 1: **Exkursion in die Physik**

Definition der Größe „Beschleunigung“: Symbol a, $a = \frac{\Delta v}{\Delta t}$, Einheit $1 \frac{m}{s^2}$

Weg-Zeit-Gesetz: $s(t) = \frac{a}{2} \cdot t^2$

Geschwindigkeits-Zeit-Gesetz: $v(t) = a \cdot t$

Aufgabe 2:

a) Änderungsrate der Geschwindigkeit: $\frac{\Delta v}{\Delta t} = \frac{90\,km/h - 54\,km/h}{4s} = \frac{36\,km/h}{4\,s} = \frac{10\,m/s}{4\,s} = 2{,}5\,\frac{m}{s^2}$

b) Die Änderungsrate der Geschwindigkeit wird physikalisch als *Beschleunigung* definiert.

c) Wachstumsfunktion:
Da sich die gleichförmige Bewegung mit der Geschwindigkeit $v = 54\,\frac{km}{h} = 15\,\frac{m}{s}$ und die beschleunigte Bewegung überlagern, folgt für den während der Beschleunigungsphase zurückgelegten Weg:

$s(t) = 1{,}25\,\frac{m}{s^2} \cdot t^2 + 15\,\frac{m}{s} \cdot t \quad$ mit $0\,s < t < 4\,s$

$s(4\,s) = 1{,}25\,\frac{m}{s^2} \cdot (4\,s)^2 + 15\,\frac{m}{s} \cdot 4\,s = 80\,m$

Während der Beschleunigungsphase legt der PKW einen Weg von 80 m zurück.

d)

Zeit t in s	0	1	2	3	4
Weg s_1 in m	0	15	30	45	60
Weg s_2 in m	0	1,25	5	11,25	20
Weg s in m	0	16,25	35	56,25	80

5.3 Übungsaufgaben (Blatt 2)

Zu Aufgabe 2d: **s-t-Diagramm**

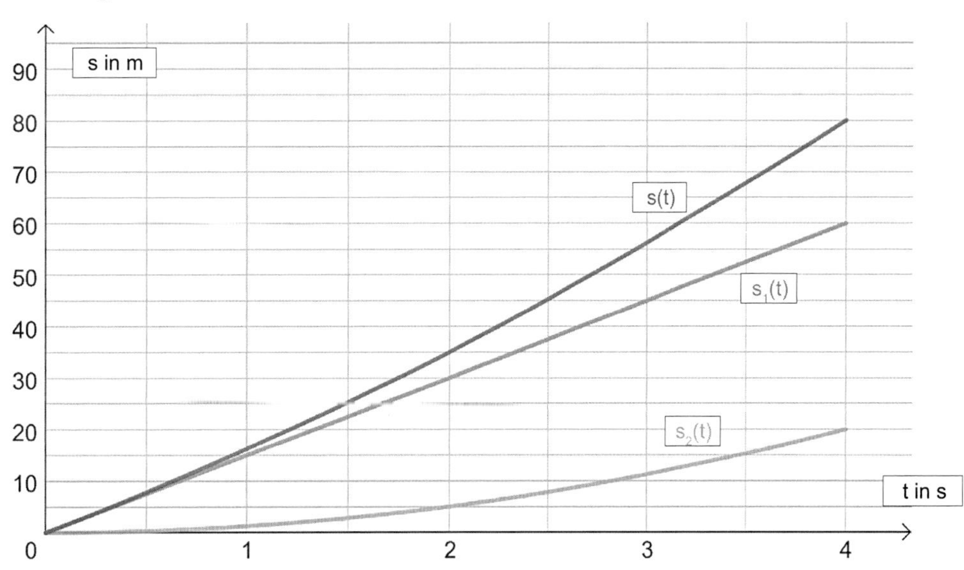

e) Vorbetrachtungen:

$a = \frac{\Delta v}{\Delta t} \;\rightarrow\; \Delta v = a \cdot \Delta t$

$\Delta v = 2{,}5\,\frac{m}{s^2} \cdot 4s = 10\,\frac{m}{s}$

$v(0\,s) = 15\,\frac{m}{s}; \quad v(4\,s) = 15\,\frac{m}{s} + 10\,\frac{m}{s} = 25\,\frac{m}{s}$

KOHL VERLAG Exponentielles Wachstum beschreiben & modellieren / Band 2 – Bestell-Nr. 12 929

Lösungen

5 5.3 Übungsaufgaben (Blatt 2)

Aufgabe 2: **e)**

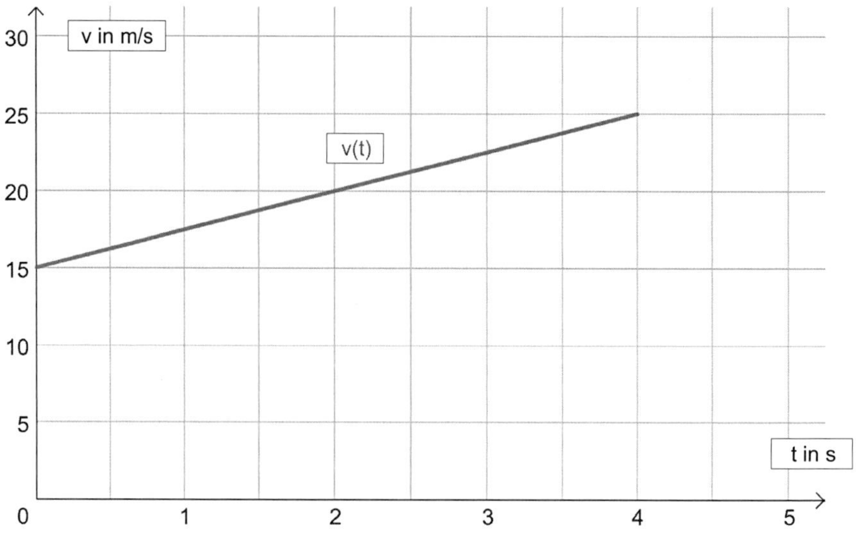

v in m/s; v(t); t in s
30, 25, 20, 15, 10, 5, 0
1, 2, 3, 4, 5

5.3 Übungsaufgaben (Blatt 3)

Aufgabe 3:

a) Änderungsrate der Geschwindigkeit: $\frac{\Delta v}{\Delta t} = \frac{28{,}8\ \text{km/h} - 18\ \text{km/h}}{20\ \text{s}} = \frac{10{,}8\ \text{km/h}}{20\ \text{s}} = \frac{3\ \text{m/s}}{20\ \text{s}} = 0{,}15\ \frac{\text{m}}{\text{s}^2}$

b) Die Bewegung setzt sich aus einer gleichförmigen Bewegung mit der Geschwindigkeit von $18\ \frac{\text{km}}{\text{h}} = 5\ \frac{\text{m}}{\text{s}}$ und aus einer beschleunigten Bewegung mit $a = 0{,}15\ \frac{\text{m}}{\text{s}^2}$ zusammen.
Folglich addieren sich auch die Wege aus diesen Bewegungen.
$s = 5\ \frac{\text{m}}{\text{s}} \cdot 20\ \text{s} + 0{,}075\ \frac{\text{m}}{\text{s}^2} \cdot (20\ \text{s})^2 = 100\ \text{m} + 30\ \text{m} = 130\ \text{m}$
Während der Beschleunigungsphase legt der Radfahrer 130 m zurück.

c) Bremsbeschleunigung: $a = \frac{\Delta v}{\Delta t} = \frac{0\ \text{km/h} - 28{,}8\ \text{km/h}}{40\ \text{s}} = \frac{-8\ \text{m/s}}{40\ \text{s}} = -0{,}2\ \frac{\text{m}}{\text{s}^2}$
Der Radfahrer bremst mit einer Beschleunigung von $-0{,}2\ \frac{\text{m}}{\text{s}^2}$.

d) Wie groß ist die insgesamt zurückgelegte Strecke?
$s_{ges} =$
$[5\ \frac{\text{m}}{\text{s}} \cdot 50\ \text{s}] + [5\ \frac{\text{m}}{\text{s}} \cdot 20\ \text{s} + 0{,}075\ \frac{\text{m}}{\text{s}^2} \cdot (20\ \text{s})^2] + [8\ \frac{\text{m}}{\text{s}} \cdot 60\ \text{s}] + [8\ \frac{\text{m}}{\text{s}} \cdot 40\ \text{s} - 0{,}1\ \frac{\text{m}}{\text{s}^2} \cdot (40\ \text{s})^2]$
$s_{ges} = 250\ \text{m} + 130\ \text{m} + 480\ \text{m} + 160\ \text{m} = 1020\ \text{m}$
Der Radfahrer legt insgesamt einen Weg von 1020 m zurück.

e) Zutreffend sind die Graphen A und B.

5.3 Übungsaufgaben (Blatt 4, Blatt 5 und Blatt 6)

Aufgabe 4:

a) Ansatz: $203\ \text{m} \approx \frac{9{,}81\ \text{m/s}^2}{2} \cdot t^2$ | Umstellen nach t

$t \approx \sqrt{\frac{2 \cdot 203\ \text{m}}{9{,}81\ \frac{\text{m}}{\text{s}^2}}} \rightarrow t \approx 6{,}43\ \text{s}$

Die Kugel schlägt nach etwa 6,43 Sekunden auf dem Boden auf.

b) Gib den Definitionsbereich der Wachstumsfunktion für dieses Experiment an.
Definitionsbereich: 0 s < t < 6,43 s

c)

Zeit t in s	0	1	2	3	4	5	6	6,43	7
Weg s in m	0	4,91	19,62	44,15	78,48	122,63	176,58	202,80	240,35

KOHL VERLAG Exponentielles Wachstum beschreiben & modellieren / Band 2 – Bestell-Nr. 12 929

Lösungen

5 5.3 Übungsaufgaben (Blatt 4, Blatt 5 und Blatt 6)

Aufgabe 4: 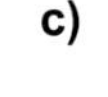 **c)**

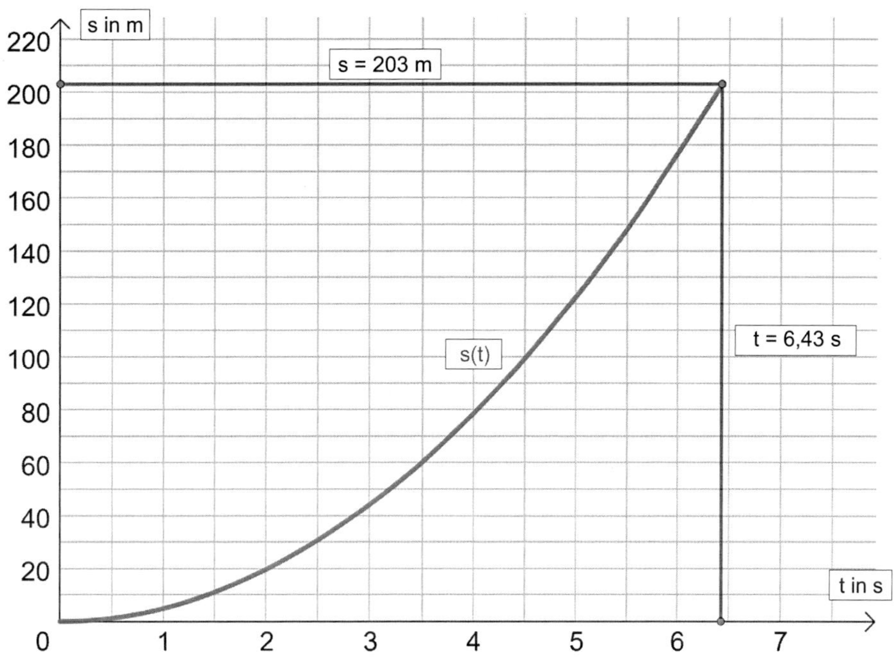

d) $v(6{,}43\ s) = 9{,}81\ \frac{m}{s^2} \cdot 6{,}43\ s \approx 63{,}08\ \frac{m}{s} \approx 227{,}09\ \frac{km}{h}$

Die Kugel prallt mit einer Geschwindigkeit von etwa 227 $\frac{km}{h}$ auf dem Boden auf.

e) Definitionsbereich: $0\ s < t < 6{,}43\ s$

f) Die Fallbeschleunigung gibt an, um welchen Betrag sich die Geschwindigkeit – gemessen in Meter pro Sekunde – eines frei fallenden Körpers pro Sekunde ändert.

Definition: $g = \frac{\Delta v}{\Delta t}$ Einheit: $[\,g\,] = \frac{1\,\frac{m}{s}}{1\,s} = 1\ \frac{m}{s^2}$

g) v-t-Diagramm

$v(2\ s) = 9{,}81\ \frac{m}{s^2} \cdot 2\ s \approx 19{,}62\ \frac{m}{s}$ $v(4\ s) = 9{,}81\ \frac{m}{s^2} \cdot 4\ s \approx 39{,}24\ \frac{m}{s}$

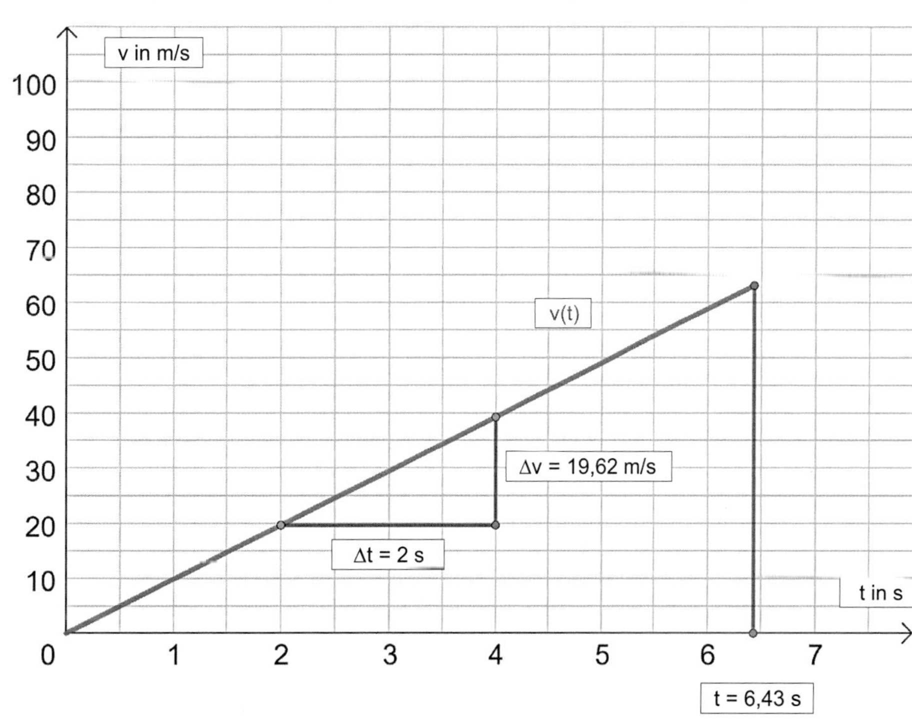

h) Bei einem frei fallenden Körper wächst die Geschwindigkeit linear mit der Fallzeit, während der Weg quadratisch mit der Fallzeit zunimmt.

Lösungen

5 5.3 Übungsaufgaben (Blatt 4, Blatt 5 und Blatt 6)

Aufgabe 4: **i)** $h(t) = 203\ m - \frac{g}{2} \cdot t^2$

j)

Zeit t in s	0	1	2	3	4	5	6	6,43	6,44
Höhe h in m	203	198,09	183,38	158,85	124,52	80,37	26,42	0,20	– 0,43

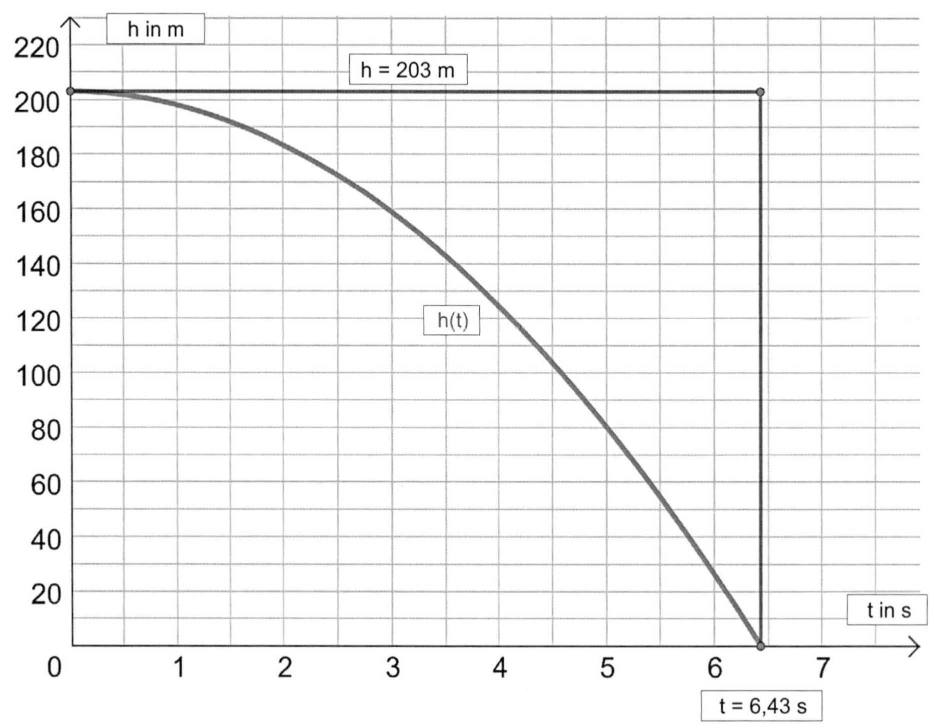

5.3 Übungsaufgaben (Blatt 7)

Aufgabe 5: **a)**

Einschnitt x in cm	0	1	2	3	4	5	6	7	8	9	10
Restfläche A in cm²	100	99	96	91	84	75	64	51	36	19	0

b) A(x): Restfläche in cm² nach Abtrennen der quadratischen Flächen

x: Länge des Einschnittes in cm Wachstumsfunktion: $A(x) = 100\ cm^2 - x^2$

$D = \{ x \mid 0\ cm \leq x \leq 10\ cm,\ x \in N \}$

c) Graph

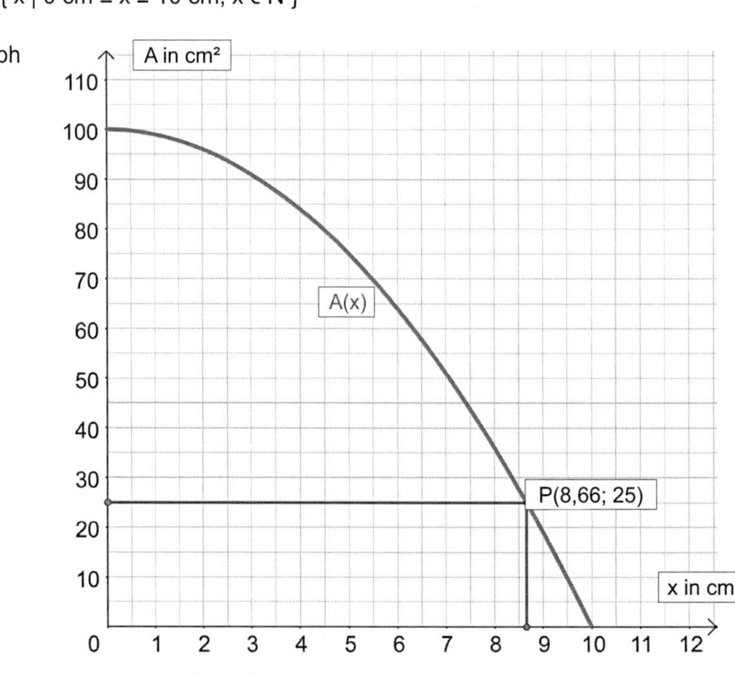

KOHL VERLAG Exponentielles Wachstum beschreiben & modellieren / Band 2 – Bestell-Nr. 12 929

Lösungen

5 5.3 Übungsaufgaben (Blatt 4, Blatt 5 und Blatt 6)

Aufgabe 5:

d) Ansatz:

$25\ cm^2 = 100\ cm^2 - x^2 \quad \rightarrow \quad x^2 = 75\ cm^2 \quad \rightarrow \quad x_{1;2} = \sqrt{75 cm^2} \approx \pm\ 8{,}66\ cm$

Die negative Lösung entfällt.
Bei einem Einschnitt von 87 mm bleibt nach dem oben beschriebenen Verfahren etwa ein Viertel (geringfügig etwas weniger) des ursprünglichen Blattes übrig.

6 Exponentielles Wachstum und exponentieller Zerfall

6.1 Eine mathematische Geschichte zur Einführung (Blatt 1 und Blatt 2)

Aufgabe 1: Individuelle Antworten

Aufgabe 2: Das beim Brauprozess gebildete Kohlendioxidgas ist in der – mitunter mit Hilfe von Druck – in einem Behälter abgefüllten Flüssigkeit gelöst. Beim Öffnen der Flasche und Eingießen in ein Glas sinkt der Druck in der Flüssigkeit auf Luftdruck und gelöstes Gas perlt auf. Dabei werden Eiweiß-, Hefe- und Hopfenrückstände mitgeführt. Mit dem Entweichen des Kohlendioxids aus der Flüssigkeit und aus dem Schaum zerfällt die Krone.

Aufgabe 3: Wie lange die Schaumkrone hält, hängt von der Biersorte (Malzsorte und Brautechnologie) sowie von der Temperatur beim Ausschenken und von den Eigenschaften des Glases (u. a. auch Spülmittelresten) ab.

6.2 Ein mathematisches Experiment

Zerfall von Bierschaum

Aufgabe:

a) Individuelle Messergebnisse

Beispiel für *idealisierte* Messwerte:
[Zur Information: Aus dem Paar (90 s; 50 mm) folgt $h(t) = 100 \cdot 0{,}9923^x$, auf ganze Zahlen gerundet]

Zeit t in s	0	30	60	90	120	150	180	210	240
Schaumhöhe h in mm	100	79	63	50	40	31	25	20	16
Differenz d zur vorherigen Höhe		– 21	– 16	– 13	– 10	– 9	– 6	– 5	– 4

Zeit t in s	270	300	330	360	390	420
Schaumhöhe h in mm	12	10	8	6	5	4
Differenz d zur vorherigen Höhe	– 4	– 2	– 2	– 2	– 1	– 1

b) Verbale Beschreibung:
Die Abnahme der Höhe des Bierschaums erfolgt nicht linear, da in gleichen Zeitintervallen von 30 s die Differenzen der Höhe des Bierschaumes nicht konstant sind.
Auch ein quadratischer Zusammenhang ist nicht erkennbar.
Während zu Beginn die Schaumhöhe stark abnimmt, werden mit zunehmender Zeit die Höhendifferenzen bei gleichen Zeitintervallen immer geringer.

KOHL VERLAG Exponentielles Wachstum beschreiben & modellieren / Band 2 – Bestell-Nr. 12 929

Lösungen

6

6.2 Ein mathematisches Experiment

Aufgabe: **b) h-t-Diagramm**

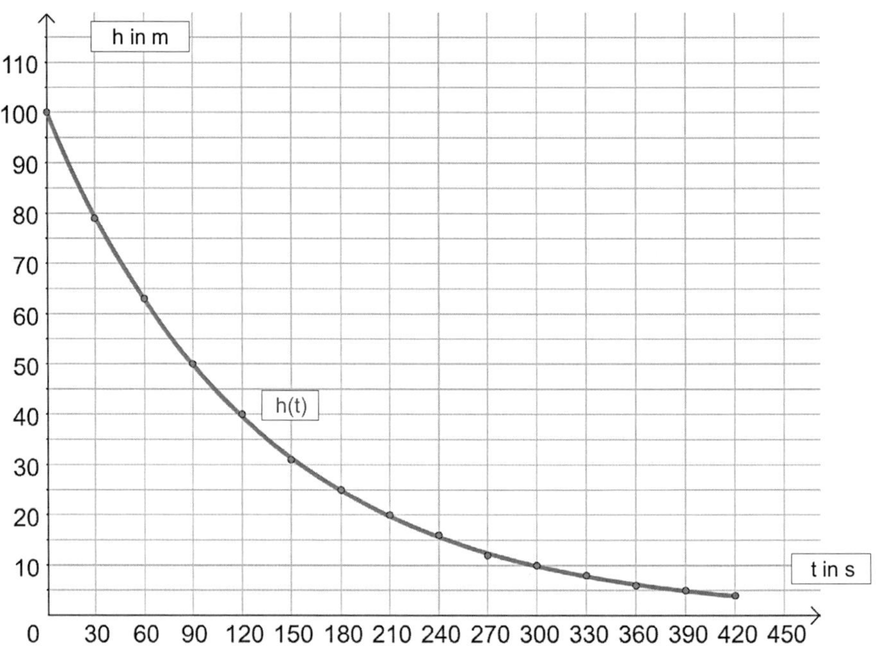

6.3 Der Klassiker: Die Legende von der Erfindung des Schachspiels

Aufgabe:

a) $S_1 = 1$ $= 2 - 1 = 2^1 - 1$

$S_2 = 1 + 2 = S_1 + 2 = 1 + 2 = 3 = 4 - 1 = 2^2 - 1$

$S_3 = 1 + 2 + 4 = S_2 + 4 = 3 + 4 = 7 = 8 - 1 = 2^3 - 1$

$S_4 = 1 + 2 + 4 + 8 = S_3 + 8 = 7 + 8 = 15 = 16 - 1 = 2^4 - 1$

$S_5 = 1 + 2 + 4 + 8 + 16 = S_4 + 16 = 15 + 16 = 31 = 32 - 1 = 2^5 - 1$

$S_6 = S_5 + 32 = 31 + 32 = 63 = 64 - 1 = 2^6 - 1$

$S_7 = S_6 + 64 = 63 + 64 = 127 = 128 - 1 = 2^7 - 1$

$S_8 = S_7 + 128 = 127 + 128 = 255 = 256 - 1 = 2^8 - 1$

$S_9 = S_8 + 256 = 255 + 256 = 511 = 512 - 1 = 2^9 - 1$

$S_{10} = S_9 + 512 = 511 + 512 = \underline{\mathbf{1023}} = 1024 - 1 = \mathbf{2^{10} - 1}$

Auf den ersten 10 Feldern des Schachbretts liegen 1023 Körner.

b) $F_1 = 1 = 2^0$; $F_2 = 2 = 2^1$; $F_3 = 4 = 2^2$; $F_4 = 8 = 2^3$; $F_5 = 16 = 2^4$… $\mathbf{F_{64} = 2^{63}}$

Auf dem 64. Feld des Schachbretts liegen 2^{63} Körner.

c) Überträgt man die Überlegungen von 10 Feldern in Teil a) auf 64 Felder, folgt:

$S_{64} = \sum_{k=0}^{63} 2^k$ = (auch: $\sum_{k=1}^{64} 2^{k-1}$) = $\mathbf{2^{64} - 1}$ = 18 446 744 073 709 551 615

Auf dem gesamten Schachbrett würden theoretisch nach Sissas Vorschrift 18 446 744 073 709 551 615 Körner angehäuft.

6.4 Exponentialfunktionen – Allgemeine mathematische Grundlagen (Blatt 3 und 4)

Aufgabe 1:

h	1	0,1	0,01	0,001	0,0001	$\rightarrow 0$
$\frac{e^h - 1}{h}$	1,7182…	1,0517…	1,0050…	1,0005…	1,00005…	$\rightarrow 1$

Schlussfolgerung: Wenn h gegen Null strebt, strebt der Ausdruck $\frac{e^h - 1}{h}$ gegen 1.

Lösungen

6 6.4 Exponentialfunktionen – Allgemeine mathematische Grundlagen (Blatt 3 und 4)

Aufgabe 2:

n	1	10	100	1000	10 000	100 000	$\rightarrow \infty$
$\left(1+\frac{1}{n}\right)^n$	2,0000…	2,5937…	2,7048…	2,7169…	2,7181…	2,7182…	$\rightarrow e$

Aufgabe 3: Berechne die Änderungsrate der Funktion

a) $f'(x) = \ln 2 \cdot 2^x$, $f'(1) = \ln 2 \cdot 2^1 = 2 \cdot \ln 2 \approx 1{,}3863$

b) $f'(x) = \ln 3 \cdot 3^x$, $f'(2) = \ln 3 \cdot 3^2 = 9 \cdot \ln 3 \approx 9.8875$

c) $f'(x) = (1 + x \cdot \ln 2) \cdot 2^{x+1}$, $f'(2) = 8 + 16 \cdot \ln 2 \approx 19.0904$

6.4 Exponentialfunktionen – Allgemeine mathematische Grundlagen (Blatt 5 bis 8)

Multiple-Choice-Test quer durch die Exponentialfunktionen

1. B (0; 3), C (– 1; 6), $F\left(2; \frac{3}{4}\right)$ und H (–4;48)
2. A $f(x) = -3 \cdot 0{,}75^x$
3. B S(0; 2,5) ist Schnittpunkt mit der y-Achse.
   D Für diese Funktion gilt: $\lim_{n \to -\infty} f(x) = 0$
   E Für diese Funktion gilt: $\lim_{n \to \infty} f(x) = \infty$
4. B Für die Ableitung der Funktion f(x) = ex gilt: $f'(2) = e^2$.
   C Die Eulersche Zahl e kann nicht als Bruch dargestellt werden.
   E Es gilt: $e = \lim_{n \to \infty} \left(1 + \frac{1}{n}\right)^n$
5. A $x = \log_{1,05} 50$
6. B und C

a	b	c
$f_4(x)$	$f_2(x)$	$f_1(x)$

a	b	c
$f_4(x)$	$f_2(x)$	$f_3(x)$

7. C $f'(x_0) = 1{,}5 \cdot x_0 \cdot e^{x_0^2}$
8. $f'(t) = 2 \cdot e^{0,5t} + t \cdot e^{0,5t}$ → C $f'(2) = 4e$
9. $f'(x) = \frac{4x \cdot e^{2x} - 2 \cdot e^{2x}}{4x^2}$ → C $f'(1) = \frac{e^2}{2}$
10. A nach 78 Tagen
11. B nach etwa 14,21 Jahren und D nach exakt $t = \log_{1,05} 2$ Jahren
12. $3 = (1 + \frac{x}{100})^{20}$ → A $100 \cdot (\sqrt[20]{3} - 1)$ Prozent
13. B nach 4800 Jahren
14. D $f'(x) = (3x + 4) \cdot e^{3x}$
15. $f'(x) = 2 \cdot 2^{2x} + 2x \cdot 2 \cdot \ln 2 \cdot 2^{2x}$ → B $f'(1) = 8 + 16 \cdot \ln 2$

6.5 Grundlagen zur Berechnung von exponentiellen Wachstums- u. Zerfallsprozessen

Aufgabe 1: $b(t) = b_0 \cdot (e^{\ln q})^t = b_0 \cdot e^{(\ln q) \cdot t}$

Aufgabe 2: Ansatz:

$b_0 \cdot 0{,}99988^t = b_0 \cdot e^{-k \cdot t}$ | : b_0

$0{,}99988^t = e^{-k \cdot t}$ | Potenzgesetz

$0{,}99988^t = (e^{-k})^t$ →

$0{,}99988 = e^{-k}$ →

$-k = \ln 0{,}99988$

$k \approx 0{,}00012$

Die Wachstumskonstante k nimmt etwa den Wert 0,00012 an.

Die Zerfallsgleichung lautet: $b(t) = b_0 \cdot e^{-0,00012 \cdot t}$.

KOHL VERLAG Exponentielles Wachstum beschreiben & modellieren / Band 2 – Bestell-Nr. 12 929

Lösungen

6

6.7 Übungs- und Anwendungsaufgaben (Blatt 1)

Aufgabe 1:

a) Kästchenbreite entspricht $T_{1/2}$: 10 = 573 Jahre $\rightarrow$ 5730 – 573 = 5157
Aus dem Diagramm lässt sich das Alter von Ötzi näherungsweise mit ca. **5200 Jahren** ablesen.

b) 11 460 + 3 • 573 = 13 179 Jahre $\rightarrow$
Aus dem Diagramm lässt sich das Alter des Funds näherungsweise mit ca. **13 200 Jahren** ablesen.

c) Ansatz: $\frac{20}{100} \cdot N_0 = N_0 \cdot e^{-0{,}0001209681 \cdot t} \rightarrow$

$\frac{20}{100} = e^{-0{,}0001209681 \cdot t} \rightarrow$

$-0{,}0001209681 \cdot t = \ln \frac{1}{5}$

$\rightarrow t \approx 13\,305$

Der Fund ist etwa **13 300 Jahre alt**.

6.7 Übungs- und Anwendungsaufgaben (Blatt 2)

Aufgabe 2: In der Luft kommt $^{14}_{6}C$ zu etwa $3 \cdot 10^{-11}$ % vor. Bei bekannter Halbwertszeit von 5730 Jahren (siehe Kapitel 6.6, Blatt 1) ergibt sich folgender Ansatz:

$0{,}2 \cdot 10^{-11}\,\% = 3 \cdot 10^{-11}\,\% \cdot e^{-0{,}0001209681 \cdot t} \rightarrow$

$\frac{1}{15} = e^{-0{,}0001209681 \cdot t} \rightarrow \quad -0{,}0001209681 \cdot t = \ln \frac{1}{15}$

Das Alter des Tierskelettes beträgt etwa **22 400 Jahre**.

Aufgabe 3:

Radium $^{226}_{88}\mathbf{Ra}$	Polonium $^{214}_{84}\mathbf{Po}$
Ansatz: (1) $\frac{10}{100} = e^{-k \cdot t}$ | t in Jahren k aus der Halbwertszeit bestimmen (2) $\frac{1}{2} = e^{-k \cdot 1602}$ $-k \cdot 1602 = \ln 0{,}5$ $k = 0{,}00043267614...$ k in (1) $\rightarrow$ $\frac{10}{100} = e^{-0{,}00043267614 \cdot t} \rightarrow$ $-0{,}00043267614 \cdot t = \ln 0{,}1 \rightarrow$ $t = 5321{,}728841...$ Es dauert etwa **5322 Jahre**, bis 90 % einer vorhandenen Menge $^{226}_{88}\mathbf{Ra}$ zerfallen sind.	Ansatz: (1) $\frac{10}{100} = e^{-k \cdot t}$ | t in Sekunden k aus der Halbwertszeit bestimmen (2) $\frac{1}{2} = e^{-k \cdot 1{,}6 \cdot 10^{-4}}$ $-k \cdot 1{,}6 \cdot 10^{-4} = \ln 0{,}5$ $k = 4332{,}1698785...$ k in (1) $\rightarrow$ $\frac{10}{100} = e^{-4332{,}1698785 \cdot t} \rightarrow$ $-4332{,}1698785 \cdot t = \ln 0{,}1 \rightarrow$ $t = 0{,}000531508...$ Es dauert etwa **$5{,}3 \cdot 10^{-4}$ s**, bis 90 % einer vorhandenen Menge $^{214}_{84}\mathbf{Po}$ zerfallen sind.

KOHL VERLAG Lernen mit Erfolg

Lösungen

6

6.7 Übungs- und Anwendungsaufgaben (Blatt 3)

Aufgabe 4:

a) Ansatz: $B(t) = B_0 \cdot q^t$ mit Wachstumsfaktor $q = 1 + \frac{12}{100} = 1{,}12$

Wachstumsfunktion $B(t) = 10\,000 \cdot 1{,}12^t$, t in Stunden

b) $1\,000\,000 = 10\,000 \cdot 1{,}12^t \rightarrow 100 = 1{,}12^t \rightarrow t = \log_{1,12}100 \rightarrow t \approx 40{,}63552113$

In 40 Stunden und etwa 38 Minuten ist die Zahl der Bakterien auf etwa eine Million angewachsen.

c) Raummangel, Nährlösung verbraucht

Aufgabe 5:

a) A(t) sei die von Algen bedeckte Fläche nach t Tagen seit Beobachtungsbeginn. Der Wachstumsfaktor q (für die Zeit in Tagen) muss neu bestimmt werden. Bekannt ist: Nach einer Woche sind $A(1) = 10\text{ m}^2 \cdot 1{,}4 = 14\text{ m}^2$ mit Algen bedeckt.

Folglich gilt: $14\text{ m}^2 = 10\text{ m}^2 \cdot q^7 \rightarrow q = \sqrt[7]{1{,}4} \approx 1{,}049241$

Wachstumsfunktion: $A(t) = 10\text{ m}^2 \cdot 1{,}049241^t$, t in Tagen

Besser: $\mathbf{A(t) = 10\text{ m}^2 \cdot \sqrt[7]{1{,}4}^{\,t}}$, t in Tagen

Algenfläche nach 30 Tagen

$A(30) = 10\text{ m}^2 \cdot \left(\sqrt[7]{1{,}4}\right)^{30} = 10\text{ m}^2 \cdot 1{,}4^{30/7} = 42{,}29246612\ldots$

Zum Monatsende am 31. Juli, also 30 Tage nach Messbeginn, bedecken die Algen eine Fläche von etwa (etwas mehr als) 42 m².

b) 1. Lösungsvariante: Zeit in Wochen

$1000\text{ m}^2 = 10\text{ m}^2 \cdot 1{,}4^t \rightarrow t = \log_{1,4}100 = 13{,}6866275572\ldots$
= 13 Wochen und knapp 5 Tage

2. Lösungsvariante: Zeit in Tagen

$1000\text{ m}^2 = 10\text{ m}^2 \cdot \left(\sqrt[7]{1{,}4}\right)^t \rightarrow t = \log_{\sqrt[7]{1,4}} 100 = 95{,}8063929007\ldots$

Der See wäre nach etwa (knapp) 96 Tagen vollständig mit Algen bedeckt.

6.7 Übungs- und Anwendungsaufgaben (Blatt 4)

Aufgabe 6:

a) Buchwert nach dem ersten Geschäftsjahr:
$150\,000 - 0{,}30 \cdot 150\,000 = (1 - 0{,}30) \cdot 150\,000 = 105\,000$

Buchwert nach dem zweiten Geschäftsjahr:
$(1 - 0{,}30) \cdot 150\,000 - 0{,}30 \cdot (1 - 0{,}30) \cdot 150\,000$
$= (1 - 0{,}30) \cdot ((1 - 0{,}30) \cdot 150\,000) = (1 - 0{,}30)^2 \cdot 150\,000 = 73\,500$

Nach dem ersten Geschäftsjahr hat die Druckmaschine noch einen Buchwert von 105 000 €, nach dem zweiten nur noch einen Buchwert von 73 500 €.

b) Buchwert nach t Jahren: $W_B(t) = 150\,000 \cdot (1 - 0{,}3)^t$ Definitionsbereich: $t \in \mathbb{N}$

mit Wachstumsfaktor q = 0,7 $W_B(t) = 150\,000 \cdot 0{,}7^t$ Definitionsbereich: $t \in \mathbb{N}$

c) Wertetabelle:

t in Jahren	0	1	2	3	4	5	6
W_B in Euro	150 000	105 000	73 500	51 450	36 015	25 210,50	17 647,35

t in Jahren	7	8	9	10	11
W_B in Euro	≈ 12 353,15	≈ 8647,20	≈ 6053,04	≈ 4237,13	≈ 2965,99

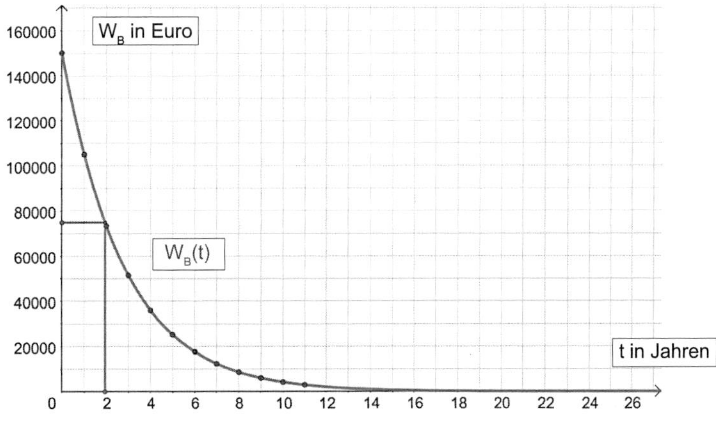

KOHL VERLAG Exponentielles Wachstum beschreiben & modellieren / Band 2 – Bestell-Nr. 12 929

6

6.7 Übungs- und Anwendungsaufgaben (Blatt 4)

Aufgabe 6:

d) Aus der graphischen Darstellung folgt:
Nach knapp zwei Jahren hat sich der Wert der Druckmaschine auf den halben Wert verringert.
Rechnung:
Ansatz: $\frac{150\,000}{2} = 150\,000 \cdot (1 - 0{,}30)^t \rightarrow 0{,}5 = 0{,}7^t \rightarrow t = \log_{0,7} 0{,}5 = 1{,}94335820987\ldots$
Nach etwa einem Jahr und 344 Tagen hat die Druckmaschine nur noch den halben Wert. (Das Jahr wurde mit 365 Tagen angenommen.)

6.7 Übungs- und Anwendungsaufgaben (Blatt 5)

Aufgabe 7:

a) $\frac{7{,}851 \text{ Milliarden} - 7{,}756 \text{ Milliarden}}{7{,}756 \text{ Milliarden}} \approx 0{,}0122$

Die prozentuale Wachstumsrate beträgt etwa 1,22 %.

b) Es sei N(t) die Anzahl der Weltbevölkerung nach t Jahren seit Beginn der Zählung 2020. Dann gilt unter der Voraussetzung exponentiellen Wachstums die Wachstumsgleichung $N(t) = 7{,}756 \text{ Milliarden} \cdot 1{,}0122^t$ mit dem Wachstumsfaktor $q = (1 + 0{,}0122)$

c) $N(10) = 7{,}756 \text{ Milliarden} \cdot 1{,}0122^{10} = 8{,}755906798989\ldots$ Milliarden
$N(30) = 7{,}756 \text{ Milliarden} \cdot 1{,}0122^{30} = 11{,}15906454509\ldots$ Milliarden
Im Jahr 2030 würde es – eine konstante exponentielle Wachstumsrate vorausgesetzt – etwa 8,756 Milliarden Menschen auf der Welt geben und im Jahr 2050 würden es unter gleichen Wachstumsbedingungen 11,159 Milliarden Menschen sein.

d) Individuelle Antworten, z. B.:
Da die Menschen infolge ihrer natürlichen Bedürfnisse, mitunter aber auch unvernünftigen Lebensweise, wie beispielsweise ungesunde Ernährung, nicht nachhaltige Abholzung von Wäldern, zu hoher Verbrauch von Energie in Industrie und Haushalten, hoher Kraftstoffverbrauch für Gütertransporte sowie private Fahrzeuge, Treibstoff für teils unnütze Flüge usw. die Energiereserven unserer Erde bald verbraucht haben werden und damit folglich auch zur globalen Erwärmung beitragen, gerät die Tragfähigkeit unseres Planeten an ihre Grenzen.
Dem Anwachsen der Weltbevölkerung muss mit humanen Maßnahmen entgegengewirkt werden.

6.7 Übungs- und Anwendungsaufgaben (Blatt 6)

Aufgabe 8:

a) Ansatz: $\frac{1}{2} \cdot H_0 = H_0 \cdot e^{-0{,}0029 \cdot t} \rightarrow \frac{1}{2} = e^{-0{,}0029 \cdot t} \rightarrow -0{,}0029 \cdot t = \ln 0{,}5 \rightarrow$
$t = 239{,}016269158\ldots$ s $\quad t \approx 239$ s
Die Halbwertszeit des Bierschaums beträgt etwa 4 Minuten.

b) Nach etwa 8 Minuten ist nur noch ein Viertel des Bierschaumes vorhanden.

c) Ansatz: $\frac{10}{100} \cdot H_0 = H_0 \cdot e^{-0{,}0029 \cdot t} \rightarrow \frac{1}{10} = e^{-0{,}0029 \cdot t} \rightarrow -0{,}0029 \cdot t = \ln 0{,}1 \rightarrow$
$t = 793{,}994859653\ldots$ s $\quad t \approx 794$ s
Nach etwa 13 Minuten und 14 Sekunden sind 90 % des Bierschaums zerfallen.

Aufgabe 9:

a) $p(t) = 300 \text{ kPa} \cdot q^t$, t in min
Ermitteln des Wachstumsfaktors q
$p(1) = 298 \text{ kPa} = 300 \text{ kPa} \cdot q^1 \rightarrow q = \frac{298}{300}$
$p(t) = 300 \text{ kPa} \cdot \left(\frac{298}{300}\right)^t$, t in min

b) $P(20) = 300 \text{ kPa} \cdot \left(\frac{298}{300}\right)^{20} = 262{,}434810868\ldots$ kPa
Nach 20 Minuten ist der Reifendruck auf etwa 262,4 kPa abgefallen.

c) Ansatz: $80 \text{ kPa} = 300 \text{ kPa} \cdot \left(\frac{298}{300}\right)^t \rightarrow \frac{8}{30} = \left(\frac{298}{300}\right)^t \rightarrow$
$t = \log_{\left(\frac{298}{300}\right)} \left(\frac{8}{30}\right) = 197{,}60176131\ldots$

Nach etwa 197,602 Minuten, also 3 Stunden und 18 Minuten, ist der der Reifendruck unter den kritischen Wert von 80 kPa gesunken.

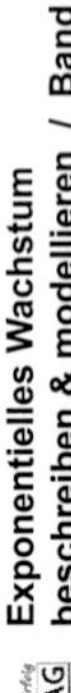
KOHL VERLAG Exponentielles Wachstum beschreiben & modellieren / Band 2 – Bestell-Nr. 12 929

Lösungen

7 Ausblick auf logistisches Wachstum (Blatt 1)

Aufgabe 1: Nur in der Anfangsphase der Pandemie, wenn noch keine eindämmenden Maßnahmen vorgenommen worden sind, lässt sich die Ausbreitung durch exponentielles Wachstum beschreiben. Dieser ungehinderten Ausbreitung wird allerdings durch Infektionsschutzmaßnahmen (Kontaktreduzierung, Abstand halten, Gesichtsmasken tragen, Hände desinfizieren) eine Grenze gesetzt – mathematisch wird das durch die Sättigungsgrenze der Wachstumsfunktion ausgedrückt. Diese Eigenschaft wird durch eine logistische Funktion erfüllt.

7. Ausblick auf logistisches Wachstum (Blatt 2)

Aufgabe 2: $\lim\limits_{t \to \infty} \frac{N_0 \cdot S}{N_0 + (S - N_0) \cdot e^{-S \cdot k \cdot t}}$ | Grenzwertsätze anwenden

$= \frac{\lim\limits_{t \to \infty} N_0 \cdot \lim\limits_{t \to \infty} S}{\lim\limits_{t \to \infty} N_0 + \left(\lim\limits_{t \to \infty} S - \lim\limits_{t \to \infty} N_0\right) \cdot \lim\limits_{t \to \infty} e^{-S \cdot k \cdot t}}$ | N_0 und S sind nicht von t abhängig

| $\lim\limits_{t \to \infty} e^{-S \cdot k \cdot t} = \lim\limits_{t \to \infty} \frac{1}{e^{S \cdot k \cdot t}} = 0$

$= \frac{N_0 \cdot S}{N_0 + (S - N_0) \cdot 0} = \frac{N_0 \cdot S}{N_0} = S$, was zu zeigen war.

Aufgabe 3:

a) Wachstumsfunktion bei exponentiellem Wachstum: $H(t) = 1\text{ cm} \cdot e^{k \cdot t}$, t in Wochen
k ermitteln: $1{,}5\text{ cm} = 1\text{ cm} \cdot e^{k \cdot 1}$ → $1{,}5 = e^k$, $k = \ln 1{,}5 = 0{,}4054651081...$
$k \approx 0{,}405465$ →
Wachstumsfunktion: $H(t) \approx 1\text{ cm} \cdot e^{0{,}405465 \cdot t}$, t in Wochen
$H(5) \approx 1\text{ cm} \cdot e^{0{,}405465 \cdot 5} \approx 7{,}6\text{ cm}$ und $H(10) \approx 1\text{ cm} \cdot e^{0{,}405465 \cdot 10} \approx 57{,}7\text{ cm}$
Nach 5 Wochen hatte bei exponentiellem Wachstum der Löwenzahn eine Höhe von 7,6 cm. Nach 10 Wochen wäre er 57,7 cm hoch, was unrealistisch ist.

b) Wachstumsfunktion: $H(t) = \frac{H_0 \cdot S}{H_0 + (S - H_0) \cdot e^{-S \cdot k \cdot t}}$, t in Wochen
Wachstumskonstante k mit logistischer Wachstumsgleichung bestimmen:

$H(1) = \frac{1 \cdot 20}{1 + (20 - 1) \cdot e^{-20 \cdot k \cdot 1}} = 1{,}5$ → $1 + (20 - 1) \cdot e^{-20 \cdot k} = \frac{20}{1{,}5} = \frac{40}{3}$ →

$e^{-20 \cdot k} = \frac{37}{57}$ $\quad -20\,k = \ln \frac{37}{57}$ → $k = 0{,}021606667759... \approx 0{,}02161$

Funktionswerte berechnen:

$H(5) = \frac{1 \cdot 20}{1 + (20 - 1) \cdot e^{-20 \cdot 0{,}02160666776 \cdot 5}} = \frac{20}{1 + 19 \cdot e^{-0{,}4321333552 \cdot 5}} \approx 6{,}27$

$H(10) = \frac{1 \cdot 20}{1 + (20 - 1) \cdot e^{-20 \cdot 0{,}02160666776 \cdot 10}} = \frac{20}{1 + 19 \cdot e^{-0{,}4321333552 \cdot 10}} \approx 15{,}97$

Logistisches Wachstum vorausgesetzt, wird der Löwenzahn nach 5 Wochen eine Höhe von etwa 6,3 cm und nach 10 Wochen eine Höhe von etwa 16 cm erreichen.

7. Ausblick auf logistisches Wachstum (Blatt 3)

Aufgabe 4

a) Wachstumsfunktion: $H(t) = \frac{H_0 \cdot S}{H_0 + (S - H_0) \cdot e^{-S \cdot k \cdot t}}$, t in Jahren

Wachstumskonstante k bestimmen:
Ansatz: mit $H_0 = 50$ cm, t = 5 Jahre, H(5) = 600 cm, S = 2500 cm

$600 = \frac{50 \cdot 2500}{50 + (2500 - 50) \cdot e^{-2500 \cdot k \cdot 5}}$ |: 50

$12 = \frac{2500}{50 + (2500 - 50) \cdot e^{-2500 \cdot k \cdot 5}}$ | Kürzen mit 50

$12 = \frac{50}{1 + 49 \cdot e^{-2500 \cdot k \cdot 5}}$ → $1 + 49 \cdot e^{-2500 \cdot k \cdot 5} = \frac{50}{12}$ | − 1

$49 \cdot e^{-2500 \cdot k \cdot 5} = \frac{38}{12}$ → $-12\,500 \cdot k = \ln \frac{19}{294}$
$k = 0{,}00021913126... \approx 0{,}0002191$

KOHL VERLAG Exponentielles Wachstum beschreiben & modellieren / Band 2 – Bestell-Nr. 12 929

Lösungen

7 7. Ausblick auf logistisches Wachstum (Blatt 3)

Aufgabe 4:

a) Wachstumsfunktion bestimmen:

$H(t) = \frac{50 \cdot 2500}{50 + (2500 - 50) \cdot e^{-2500 \cdot 0{,}0002191 \cdot t}}$ | im Nenner zusammenfassen

$H(t) = \frac{50 \cdot 2500}{50 + 2450 \cdot e^{-2500 \cdot 0{,}0002191 \cdot t}}$ | im Nenner 50 ausklammern

$H(t) = \frac{50 \cdot 2500}{50 \cdot (1 + 49 \cdot e^{-2500 \cdot 0{,}0002191 \cdot t})}$ | mit 50 kürzen

$H(t) = \frac{2500}{1 + 49 \cdot e^{-2500 \cdot 0{,}0002191 \cdot t}}$ | Exponent von e im Nenner zusamm

Wachstumsfunktion: $H(t) = \frac{2500}{1 + 49 \cdot e^{-0{,}54775 \cdot t}}$, t in Jahren, H(t) in cm

b) $H(25) = \frac{2500}{1 + 49 \cdot e^{-0{,}54775 \cdot 25}} = 2499{,}86164591\ldots \approx 2499{,}86$

Im Alter von 25 Jahren ist eine Höhe des Baumes von 2499,86 cm = 24,9986 m zu erwarten.

c) $H(30) = \frac{2500}{1 + 49 \cdot e^{-0{,}54775 \cdot 30}} = 2499{,}99105479\ldots$

$H(35) = \frac{2500}{1 + 49 \cdot e^{-0{,}54775 \cdot 35}} = 2499{,}99942168\ldots$

$H(40) = \frac{2500}{1 + 49 \cdot e^{-0{,}54775 \cdot 40}} = 2499{,}99996261\ldots$

Mit zunehmendem Alter t (in Jahren) nähern sich die Funktionswerte H(t) (in cm) dem Wert 2500 cm, womit gezeigt ist, dass 2500 cm die kleinste obere Schranke der Funktionswerte H(t) ist.

d) – Statik: Abnahme der Stabilität mit der Höhe
– begrenzte Nährstoffe im Wurzelbereich
– Luft- und Bodenfeuchtigkeit mitunter nicht ausreichend

e) Das Hyperion genannte Exemplar eines Küstenmammutbaums (Sequoia sempervirens) im Redwood-Nationalpark in Kalifornien gilt mit 115,85 Meter Wuchshöhe (Vermessung 2017) als derzeit höchster bekannter Baum der Erde (Stand 2019).
Quelle: https://de.wikipedia.org/wiki/Hyperion_(Baum)

f) Wertetabelle:

t in Jahren	0	5	10	15	20	25
Höhe in cm	50	600	2075,02	2467,33	2497,86	2499,86

Funktionsgraph

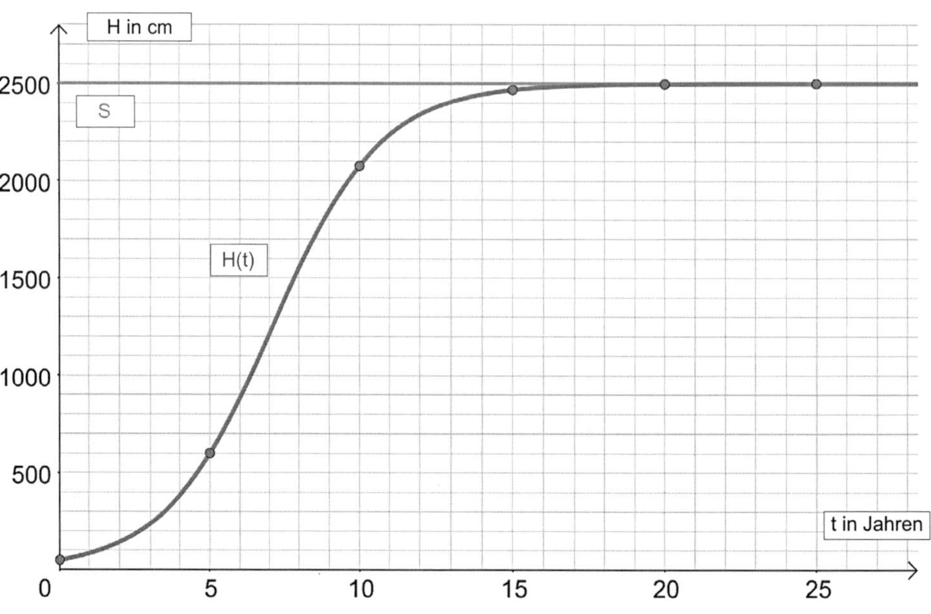

KOHL VERLAG Exponentielles Wachstum beschreiben & modellieren / Band 2 – Bestell-Nr. 12 929

Lösungen

8 Bezug zur Coronapandemie

8.1 Beschreibung der Pandemie mit mathematischen Kenngrößen (Blatt 2)

Aufgabe 1:

a) Anfang März 2020 wurden von 100 (10; 50) an Covid-19 erkrankten Personen durchschnittlich **300 (30; 150) Personen** angesteckt.

b) Kurz nach dem 9. April wurden von 100 (10; 50) Personen durchschnittlich **90 (9; 45) Personen** mit dem Corona-Virus angesteckt.

8.1 Beschreibung der Pandemie mit mathematischen Kenngrößen (Blatt 3)

Aufgabe 2: Bei einer Reproduktionszahl von R = 2 liegt exponentielles Wachstum vor.

Aufgabe 3: (0 Tage; 1000 Infizierte)

Aufgabe 4:

Anzahl der Infizierten	$n_1 = 2000$	$n_2 = 2 \cdot n_1 = 4000$
Zeit in Tagen	$t_1 = 4$	$t_2 = 8$

Antwort: **Die Verdopplungszeit beträgt 4 Tage**.

8.1 Beschreibung der Pandemie mit mathematischen Kenngrößen (Blatt 4)

Aufgabe 5: Zutreffend sind:

C Nach 12 Tagen sind 16 000 Menschen infiziert.

F Die Zahl I(30) der Infizierten beträgt nach 30 Tagen $1000 \cdot 2^{30/3}$

G Die Zahl I(t) der Infizierten beträgt nach t Tagen: $I(t) = 1000 \cdot \left(\sqrt[3]{2}\right)^t$

8.1 Beschreibung der Pandemie mit mathematischen Kenngrößen (Blatt 5)

Aufgabe 6:

- Das *Robert Koch-Institut (RKI)* war in seiner Frühgeschichte Wirkungsstätte der Forscher Emil Behring, Robert Koch und Paul Ehrlich, die auf den Gebieten Medizin, Mikrobiologie, Arzneimittelkunde, Immunologie und Hygiene tätig waren.
- Das eigens für Robert Kochs Forschung auf dem neuen Gebiet der Bakteriologie und klinischen Infektiologie 1891 in Berlin gegründete Institut trug zunächst den Namen *„Königlich Preußisches Institut für Infektionskrankheiten“*, welches bis 1904 von Robert Koch geleitet wurde. Später wurde es in *„Preußisches Institut für Infektionskrankheiten Robert Koch“* umbenannt.
- Heute ist das *Robert Koch-Institut* die biomedizinische Leitforschungseinrichtung der deutschen Bundesregierung. Es wurde als Bundesinstitut für Infektionskrankheiten und nicht übertragbare Krankheiten als selbstständige Bundesoberbehörde errichtet. Kernaufgabe des RKI ist die öffentliche Gesundheitspflege mit dem Schwerpunkt der Eindämmung von Infektionskrankheiten. Forschung, Erfassung, Statistik, Beratung, Kommunikation mit Gesundheitsämtern und Publikationen gehören zu den Hauptaufgaben des RKI.
- Die Hauptaufgabe des RKI zur Zeit der Covid-19-Pandemie in Deutschland stellte die Erfassung der Ausbreitung der Pandemie sowie Beratungen und Empfehlungen zum Impfschutz und zu Hygienemaßnahmen mit dem Ziel der Eindämmung der Pandemie dar.

Informationen entnommen aus: https://de.wikipedia.org/wiki/Robert_Koch-Institut

8.1 Beschreibung der Pandemie mit mathematischen Kenngrößen (Blatt 6)

Aufgabe 7: Anzahl n der Neuinfektionen in den letzten 7 Tagen:

n = 1978 + 3852 + 6426 + 7380 + 6313 + 2626 + 1911 = 29 486

etwa 83 200 000 Bürger in Deutschland
Berechnung der Sieben-Tage-Inzidenz x:

x	29 486
100 000	83 200 000

$\rightarrow \quad x = \frac{29\,486}{83\,200\,000} \cdot 100\,000 \approx 35{,}4$

Am 1. Juni 2021 betrug die Sieben-Tage-Inzidenz etwa 35.

KOHL VERLAG Lernen mit Erfolg
Exponentielles Wachstum beschreiben & modellieren / Band 2 – Bestell-Nr. 12 929

Lösungen

8 8.1 Beschreibung der Pandemie mit mathematischen Kenngrößen (Blatt 6)

Aufgabe 8: **a)** und **b)**

1. Bis 16. Januar 2022			17. bis 31. Januar 2022		
Datum	5. Januar	16. Januar	Datum	19. Januar	30. Januar
Inzidenz	258,6	515,7	Inzidenz	584,4	1156,8
Verdopplungszeit: etwa 11 Tage			Verdopplungszeit: etwa 11 Tage		

Die Verdopplungszeit hat sich in der zweiten Januarhälfte kaum geändert.

c) Im Februar 2022 findet in keinem Zeitintervall eine Verdopplung der Inzidenz statt. Die Dynamik der Pandemie hat sich im Vergleich zum Vormonat abgeschwächt.

8.1 Beschreibung der Pandemie mit mathematischen Kenngrößen (Blatt 9)

Aufgabe 9: **a)** Es scheint widersprüchlich, dass bei einer fallenden Zahl der Neuinfektionen die Sieben-Tage-Inzidenz steigt.

b)

Sieben-Tage-Inzidenz am 6. Februar 2022

Neuinfektionen der vorangegangenen 7 Tage

30. Januar	118 970
31. Januar	78 318
1. Februar	162 613
2. Februar	208 498
3. Februar	236 120
4. Februar	248 838
5. Februar	217 815
Σ	1 271 172

Gesamtbevölkerungszahl ≈ 83,2 Millionen

Berechnung der Sieben-Tage-Inzidenz x:

x	1 271 172
100 000	83 200 000

$\rightarrow \quad x = \frac{1\,271\,172}{83\,200\,000} \cdot 100\,000 \approx 1527{,}9$ *

Sieben-Tage-Inzidenz am 7. Februar 2022

Neuinfektionen der vorangegangenen 7 Tage

31. Januar	78 318
1. Februar	162 613
2. Februar	208 498
3. Februar	236 120
4. Februar	248 838
5. Februar	217 815
6. Februar	133 173
Σ	1 285 375

Gesamtbevölkerungszahl ≈ 83,2 Millionen

Berechnung der Sieben-Tage-Inzidenz x:

x	1 285 375
100 000	83 200 000

$\rightarrow \quad x = \frac{1\,285\,375}{83\,200\,000} \cdot 100\,000 \approx 1544{,}9$ *

* Durch Nachmeldungen der Gesundheitsämter und Korrekturen der Fallzahlen durch das RKI ist eine Abweichung der hier berechneten Ergebnisse von den vom RKI ermittelten Inzidenzwerten möglich.

c) Es liegt keine irrtümliche Meldung der Presse vor.
Wie die Berechnung oben zeigt, steigt die Sieben-Tage-Inzidenz trotz Abnahme der Zahl der Neuinfektionen an. Das ist damit zu begründen, dass bei der Berechnung die Neuinfektionen der jeweils vorangegangenen sieben Tage einfließen. In diesem Fall folgt daraus, dass bei der Berechnung der Sieben-Tage-Inzidenz für den 7. Februar der Summand von „118 970 Neuinfektionen“ vom 30. Januar wegfällt und dafür der Summand „133 173 Neuinfektionen“ vom 6. Februar dazu kommt, wodurch die Summe der einfließenden Neuinfektionen größer als am 6. Februar wird.

Exponentielles Wachstum beschreiben & modellieren / Band 2 – Bestell-Nr. 12 929

Lösungen

8 8.2 Wachstum – Kreuz und Quer durch die Pandemie (Blatt 1 bis Blatt 3)

Aufgabe 8: **Rätsellösung:**

Waagerecht:

1 ARZT
2 EXPONENTIELL
3 RKI
4 OETZI
5 NANO
6 ZERFALL
7 ABSTAND
8 RUND
9 SARS
10 REPRODUKTIONSZAHL
11 NUSS
12 LOG
13 NEUN
14 SUMME
15 INFEKT
16 PASS
17 KONSTANTE
18 IMMUN
19 IMPFEN
20 INFEKTION

Senkrecht:

21 PROZENT
22 ZEIT
23 SERUM
24 PI
25 VIRUS
26 LINEAR
27 RHO
28 EULER
29 QUARANTAENE
30 AENDERUNGSRATE
31 INZIDENZ
32 MAL
33 LUNGE
34 COVID
35 HYGIENE
36 DELTA
37 ANSTIEG
38 TESTEN
39 BASIS
40 ZINK
41 LN

Lösungswort: 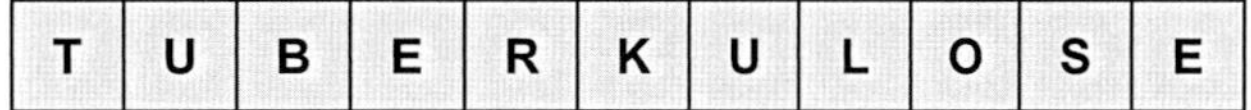
T U B E R K U L O S E

KOHL VERLAG Lernen mit Erfolg – Exponentielles Wachstum beschreiben & modellieren / Band 2 – Bestell-Nr. 12 929

Bildquellen

Bildquellen © AdobeStock.com:

S. 5: denis_333, Li Ding, GHotz;
S. 7: lineartestpilot;
S. 8: wisnu_Ds, fotomek, kiono;
S. 9: reginast777;
S. 10: eduardrobert, Yael Weiss;
S. 11: wisnu_Ds, Cienpies Design (bearb.), Steve Young;
S. 12: nsit0108 (3 x), Steve Young;
S. 13: jokatoons, Marty Kropp;
S. 14: Good Studio;
S. 15: Good Studio, SimpLine;
S. 16: sevennight;
S. 19: ogieurvil;
S. 20: luisrftc, Steve Young, klesign;
S. 21: Jenny Sturm, fabioberti.it, jokatoons;
S. 22: Sergio Hayashi, Steve Young, klesign;
S. 23: laudiseno, HaSnI, am54;
S. 24: Steve Young;
S. 25: Kalmatsui, Yael Weiss;
S. 26: fotoflash, blueringmedia, zhaluldesign;
S. 27: Dimitrius, Steve Young;
S. 28: Stenzel Washington, Steve Young (2x);
S. 29: Talaj, HitToon.com, Steve Young;
S. 30: StanMikov (bearb.);
S. 31: Talaj;
S. 32: Nitr, photomelon, Talaj;
S. 33: Steve Young;
S. 34: reginast777, Popova Olga;
S. 35: reginast777;
S. 36: reginast777;
S. 37: reginast777;
S. 38: lineartestpilot, laudiseno, kaer_fstock;
S. 39: gradt, Memoangeles;
S. 40: Steve Young, liu_miu, fotomek, Cienpies Design (bearb.);
S. 41: firstpentuer, Basstock, Cake78 (3D & photo), Julien Tromeur, Stockgiu;
S. 42: Steve Young, lineartestpilot;
S. 44: Steve Young;
S. 45: Mineo (bearb.);
S. 46: Cake78 (3D & photo), globeds;
S. 47: imaginando, grafico2011, wealthy lady;
S. 48: Simple Line (bearb.);
S. 49: reeel, alexlmx, Andrew Adams;
S. 50: lkeskinen, foolchico;
S. 51: orensila, akr11_st;
S. 52: Александр Довянский, macrovector, Talaj;
S. 53: Ignat Lednev;
S. 54: Steve Young;
S. 55: Orkidia;
S. 56: gopixa, Alina Abel;
S. 58: Rubel;
S. 59: Corri Seizinger;
S. 60: As13Sys, Steve Young, Orkidia;
S. 61: wirat, akr11_st;
S. 62: wirat, Norbert Kiel;
S. 63: Zerbor, HNFOTO (bearb.), topvectors, wirati;
S. 64: Thaut Images;
S. 65: akr11_st;
S. 66: CleanBit, Morphar

© wikimedia.org:

S. 33: Lahur_Sessa_by_Thiago_Cruz_Thiago Cruzi;
S. 43: Sgbeer
S. 44: Steinzeit_Mensch_Zeichnung_Günther20, Otzi-Quinson_120;
S. 57: Fakten, Begriffserklärungen und Graphik entnommen aus: https://de.wikipedia.org/wiki/Basisreproduktionszahl